文化自信自强丛书

怎样做好非物质文化遗产保护

任初轩 编

人民日报出版社
北京

图书在版编目（CIP）数据

怎样做好非物质文化遗产保护 / 任初轩编 . — 北京：人民日报出版社, 2023.3
ISBN 978-7-5115-7723-8

Ⅰ . ①怎… Ⅱ . ①任… Ⅲ . ①非物质文化遗产 – 保护 – 中国 Ⅳ . ① G122

中国国家版本馆 CIP 数据核字 (2023) 第 034470 号

书　名：怎样做好非物质文化遗产保护
ZENYANG ZUOHAO FEIWUZHI WENHUA YICHAN BAOHU

编　者：任初轩

出 版 人：刘华新
策 划 人：欧阳辉
责任编辑：毕春月　刘思捷
装帧设计：新成博创 XIN CHENG BO CHUANG

出版发行：人民日报出版社
社　　址：北京金台西路 2 号
邮政编码：100733
发行热线：（010）65369509　65369527　65369846　65363528
邮购热线：（010）65369530　65363527
编辑热线：（010）65369521
网　　址：www.peopledailypress.com

经　　销：新华书店
印　　刷：大厂回族自治县彩虹印刷有限公司
法律顾问：北京科宇律师事务所　（010）83622312

开　　本：710 毫米 ×1000 毫米　1/16
字　　数：174 千字
印　　张：15
版次印次：2023 年 3 月第 1 版　2023 年 3 月第 1 次印刷

书　　号：ISBN 978-7-5115-7723-8
定　　价：48.00 元

前　言

中国非物质文化遗产是中华文化的瑰宝，也是人类文明的重要组成部分。习近平总书记要求扎实做好非物质文化遗产的系统性保护，更好满足人民日益增长的精神文化需求，推进文化自信自强。

非物质文化遗产是连结民族情感、维系国家统一的重要基础。保护好、传承好、利用好非物质文化遗产，对于延续历史文脉、坚定文化自信、推动文明交流互鉴、建设社会主义文化强国，都具有重要意义。我们党和政府历来高度重视非物质文化遗产保护工作，特别是党的十八大以来，在以习近平同志为核心的党中央坚强领导下，我国非物质文化遗产保护工作取得显著成就。非物质文化遗产保护传承在促进人与自然和谐相处、构建和谐社会、推动精神文明建设、提高人民健康水平等方面，发挥着良好作用，促进中华优秀传统文化在当代生活中得到很好的赓续。

非物质文化遗产是一种生活文化、活着的文化遗产。非物质文化遗产保护需要与时代共进，需要更广泛的参与共享。党员干部特别是领导干部一定要充分认识到，只有在实践中保护，在实践中传承,才能找到非物质文化遗产生命力的源头活水。要带头科学地、系统地管理好、保护好我们祖先代代相传的宝贵遗产,使之根脉相续、永葆活力,成为人民美好生活中最具民族特色的一部分,为实现中华民族伟大复兴的中国梦提供强大精神支撑。

弘扬非物质文化遗产当代价值,增强人民群众对非物质文化遗产的参与感、获得感、认同感,进一步发挥非物质文化遗产服务当代、造福人民的作用,党员干部特别是领导干部,一定要进一步提高对非物质文化遗产保护工作重要性的认识,坚持以社会主义核心价值观为引领,坚持创造性转化、创新性发展,坚守中华文化立场,传承中华文化基因,贯彻"保护为主、抢救第一、合理利用、传承发展"的工作方针,切实提升非物质文化遗产系统性保护水平,让非物质文化遗产在新时代绽放新光彩,为全面建设社会主义现代化国家提供精神力量。

人民日报出版社汇编《怎样做好非物质文化遗产保护》一书,期待帮助党员干部特别是领导干部扎实做好非物质文化遗产的系统性保护。由于时间仓促,汇编过程中难免挂一漏万,敬请读者指正,以期不断完善。

目　录

01　非遗传播要有温度有质感…………………………… 范　周 / 001

02　守正创新　薪火相传 ………………………………… 傅　谨 / 011

03　把非物质文化遗产保护好传承好 ……………………冯骥才 / 020

04　在光影中感受非遗魅力 ……………………………… 尹双红 / 028

05　文旅融合开遗产保护新局 …………………………… 韩子勇 / 038

06　用影像彰显非遗文化的时代价值 …………………… 闫　伟 / 045

07　"非遗"技艺活力再现 ………………………………… 朱传欣 / 053

08　焕发中华曲艺的当代魅力 …………………………… 籍　薇 / 061

- ⑨ 挖掘和发挥传统农事节气文化的重要价值…………隋　斌 / 072
- ⑩ 充分发挥传统艺术的美育功能……………………龙开胜 / 082
- ⑪ 保护好、传承好、利用好非物质文化遗产…………刘魁立 / 091
- ⑫ 非物质文化遗产的系统性保护与日常化传承………何　博 / 097
- ⑬ 活化非遗，变"心间记忆"为"指尖经济"………吴志才 / 103
- ⑭ 让非遗传承"潮"起来……………………………李　慧 / 110
- ⑮ 生动见证中华文明绵延传承的历史………………张延利 / 121
- ⑯ 民俗润泽乡间　激活振兴力量
  ………………………清华大学文化创意发展研究院课题组 / 129
- ⑰ 沉浸体验非遗　文化润物无声……………韩　旭　刘志中 / 142
- ⑱ 连接现代生活，把非遗的奇妙展现出来……………王石川 / 151
- ⑲ 普及传统音乐　凝聚文化认同……………………陈　乾 / 158
- ⑳ 非遗：社会广泛参与、人人保护传承………………杨　玢 / 166

目 录

㉑ 国潮风起　非遗焕新······················韩业庭／173

㉒ 推动中华文化更好走向世界················朱慧勇／185

㉓ 权益保障促进非物质文化遗产"活"起来········胡姗辰／194

㉔ 茶文化与中国人的日常生活················萧　放／202

㉕ 非遗保护传承机制创新之思················戴　珩／211

㉖ 承前启后　守正创新······················兰　静／222

01

非遗传播要有温度有质感

范 周

中华文明源远流长，孕育出丰富的物质文化遗产和非物质文化遗产。它们是中华民族的宝贵财富，也是全人类的宝贵财富。非物质文化遗产（简称"非遗"）是指构成文化遗产组成部分的各种传统文化表现形式，以及与传统文化表现形式相关的实物和场所。传承和保护好非物质义化遗产，既需要保护凝聚着前人智慧的占老工艺、技艺，更需要拓宽传播渠道，提升传播效果。习近平总书记指出：让收藏在禁宫里的文物、陈列在广阔大地上的遗产、书写在古籍里的文字都活起来。传播是让非物质文化遗产活起来的有效方式，能够让其价值和魅力深入人心，凝聚全社会保护传承非物质文化遗产的共识和力量。

近年来，非物质文化遗产传播取得重大进展。从最初单纯依靠政府有关部门组织推广，到民间传承人自发宣传，再到学界、媒体、商界加入传播，传播主体日趋多元。随着互联网技术飞速发展，传播数字化、科技化趋势日益明显，传播渠道也更加多种多样。其中，非物质文化遗产的数字化保护不仅是一种抢救性记录，而且可以为其在互联网时代进行有效传播打下坚实基础。

作为一种传统文化形式，非物质文化遗产要融入现代社会，必须进行创造性转化。目前，受现代文化传播大环境中一些不良因素影响，有些非物质文化遗产传播出现表象化、娱乐化现象，其文化内涵被弱化甚至消弭。有一些传播平台对非物质文化遗产的文化内容不够重视，为了获取短期经济收益选择易夺人眼球的内容，造成非物质文化遗产在传播中被人误读，其中的文化精髓被忽视。总的来说，非物质文化遗产传播的行业共识还需要进一步凝聚，媒介传播潜力也需要继续挖掘。

提升非物质文化遗产传播效果，除了运用数字技术，还要注重传播的温度、质感。借助现代数字技术，可以将非物质文化遗产以活态展现出来，使之成为触手可及的文化产品。但也应清醒认识到，数字化传播只是一种传播手段。如果一味追求与新技术结合，反而容易弱化文化内涵，降低传播效果。在传播过程中，要重视对内容的精心打造。不仅要重视传播信息本身的事实性和逻辑性，而且要思索如何从关系维度和情感维度上拉近与公众的距离。如何丰富非物质文化遗产传播形式，以更强的互动性和体验感来充分展现其文化精髓，成为下一步需要重点解决的问题。为此，可以利用现代信息技术为受众营造身临其境之感，让非物质文化遗产能够"听得见""带得走""学得来"。还应加快建立非物质文化遗产资源要素现代转化机制，消除公众对非物质文化遗产的陌生感和神秘感。只有捧出有温度、有质感的产品，才能使非物质文化遗产与人们的情感产生交融共振，进而激发传承保护的自觉性。

提升传播效果，还需要充分整合媒介资源，借助新兴媒体来扩大影响。充分发挥传统媒体和新兴媒体的整合优势，运用算法机制实现文化内容的有效分发，通过在社交平台制造话题、加强互动的方式加深公众对非物质文化遗产的认知和了解，拓宽传播半径。充分运用互联网共建、共享的特点，积极动员各方力量加入，让更多人成为非物质文化遗产传播的参与者，不断扩大传播"朋友圈"。营造良好城市文化生态，让非物质文化遗产保持多样性特征，不走过度商业化的发展道路。通过开展实践活动、塑造城市公共非遗空间等方式打造"非遗符号"，让非物质文化遗产成为提升城市形象的重要文化标识，让公众对其产生价值认同和情感共鸣。

《人民日报》2018年8月23日第7版

拓展阅读

非遗，激活千年运河活力的文化密码

杨 红　所揽月

中国大运河是世界上现存距离最长、规模最大的运河，也是中华民族重要的文化基因库。习近平总书记强调："大运河是祖先留给我们的宝贵遗产，是流动的文化，要统筹保护好、传承好、利用好。"大运河文化的赓续灿烂源于运河的流动不息，更源于运河沿岸人民世代相守、南北交融的文化传统、生存智慧与艺术创造。今天，我们将那些人民群众口传心授、共创共享的活态文化称为"非物质文化遗产"，它们既是大运河文化的组成部分，也是彰显大运河文化价值的重要载体。

丰富生动、生生不息的大运河非遗

在国务院公布的五批国家级非物质文化遗产代表性项目中，大运河流域8省市总计有1100余项，约占总数的32%。这些国家级非遗项目以及大运河核心区内的省、市、县级非遗项目，共同组成了丰富生动的大运河非遗长卷，展示着大

> **拓展阅读**

运河文化世代相传、生生不息的蓬勃生命力。

2000余年来，大运河以其强大的漕运功能，促进了沿岸城市的兴起和繁荣。以北京为例，人们常说"运河上漂来北京城"。大运河对于北京有着极为重要的意义。古往今来，随大运河入京的不仅有各地的物产精华，还有无数骚客文人、能工巧匠，以及他们带来的文化。"燕京八绝"、北京建筑彩绘、古字画装裱修复技艺等宫廷技艺匠心独具，"兔儿爷"、"面人郎"、天桥摔跤等市井娱乐项目雅俗共赏，共同构成了北京这座古都的人文积淀与人间烟火。

南北运河与海河在天津三岔口相汇，南来北往的人与物在这里周转、停留，构成了天津繁盛活跃的城市风貌。从场面宏大的天津皇会，到深受百姓喜爱的天津"泥人张"、"狗不理"包子，再到茶楼里的相声、天津时调，共同点缀着津沽运河两岸。

河北作为大宗商品的必经之地，亦为水路走镖的交通要道。侠义豪杰在这里演绎"镖不喊沧"的故事，让沧州武术名扬南北；运河沿岸瓷窑星罗棋布，磁州窑通过漳、滏两河运往各地；吴桥杂技艺人勇闯码头，沿大运河北上南下。

大运河自苏鲁交界处的陶沟河口进入山东，经枣庄、济宁、泰安、聊城、德州，一路迤逦向北。临清贡砖、鲁锦从

> **拓展阅读**

这里运往京师，祭孔大典、箫韶乐舞、仲尼古琴制作技艺则远播着圣哲先贤的声名。

隋唐大运河以河南洛阳为中心，形成了通济渠和永济渠。河图洛书、洛阳宫灯、钧瓷烧制技艺、朱仙镇木版年画、浚县泥咕咕……穿城而过的融融运河把璀璨的中原文化传遍中华大地。

作为通济渠的重要组成部分，大运河安徽段承上启下，连接东西，是谓"扼汴水咽喉，当南北要冲"。安徽在水路交错间将南北文化融于己身，形成了泗州戏、淮北花鼓戏、徽剧等传统戏剧，亦孕育出宣纸、徽笔、歙砚、徽墨等传统制作技艺。

大运河从徐州、宿迁、淮安、扬州、镇江、常州、无锡、苏州穿流而行。在大运河江苏段，有洪泽湖渔鼓、杖头木偶戏、小热昏、秦淮灯会的繁华热闹，有宋锦织造技艺、苏绣、南京云锦织造技艺的巧夺天工，亦有传统木船制造技艺、淮盐制作技艺的人间烟火。

浙江，不仅是大运河漕运的一处启程点，更是连通海上丝绸之路的枢纽。水乡社戏、越剧、余杭滚灯展现着人们朴素细腻的艺术表达，船模艺术、象山渔民号子、徐福东渡传说呈现着运河文化与海洋文化的交融与碰撞。

拓展阅读

2000余年里，大运河在服务农耕需求、平衡南北资源、促进区域交流等方面发挥了重要作用，哺育出秀丽的沿河景观、繁荣的周边城镇与璀璨的运河文化。如今，大运河的部分传统功能已逐步退化，但见证了运河两岸经济发展、社会变迁与文化演进的非物质文化遗产仍在代代相传、生生不息。

天人相合、兼容并蓄的大运河文化基因

大运河非遗中蕴含着诸多运河沿岸人民及至中华民族共同的思想智慧、价值观念和文化基因，主要体现在：天人相合的互动实践、兼容并蓄的文化交流。

人们在大运河持续不断的开凿、疏浚、修筑、维护过程中，在依河而居、顺水行船、沿河贸易、引水灌溉的长期生产生活实践中，逐渐形成了许多特殊的传统技艺和实践技能。比如，在江苏省兴化市竹泓镇，水乡人民为出行和劳作方便，摸索出一套独特有效的传统木船制造技艺。人们以老龄杉木为主要原料，以铁钉、麻丝、桐油等为辅料，制作流程包括选料、备料、拼板、油船等十多道工序，造出的木船轻盈灵巧、坚固耐用。这些传统知识、技艺和实践技能根植于人的需求，体现出人的主观能动性以及尊重自然、顺应自

> **拓展阅读**

然、利用自然的思想智慧。

又如,在浙江嘉兴,每年清明、中秋、除夕举行的网船会是运河水系渔民、船工的水上庙会。渔民们驾船赴会,并自发表演龙舞、狮舞、荡湖船等民间艺术,不仅祭祀神灵,还认祖归宗、联络感情。这些由运河生活派生出的节庆活动、表演艺术,蕴含着运河沿岸人民对生活的热爱以及对自然和生命的虔诚敬畏。

作为我国的标志性大河,大运河涵盖京津文化、燕赵文化、齐鲁文化、中原文化、淮扬文化、吴越文化,南北各地以不同的资源禀赋、人文传统哺育出各具特色的文化艺术形态,既有刚猛如沧州武术的华北豪迈,又有婉转如苏州弹词的江南水韵。与此同时,各地的文化艺术又因流动的大运河而始终处于相互借鉴、去芜存菁的吞吐状态,传承与创新兼容并蓄。运河沿线不同城市,即便相隔千里,其文化内核仍呈现出惊人的相似性,如南方的桃花坞年画与北方的杨柳青年画,就被并称为"南桃北柳"。南北交融的非遗,彰显着中华民族开放包容、美美与共的文化态度。这些蕴含在大运河非遗中的文化基因,对于推进大运河文化带和大运河国家文化公园建设具有重要意义。

> **拓展阅读**

连接传统与当下，用非遗唤起千年大运河新生机

悠悠运河，生生不息。大运河文化的延续与发展离不开新的表达方式，也离不开对运河非遗当代价值的挖掘。

近年来，有关部门相继印发《大运河文化保护传承利用规划纲要》《长城、大运河、长征国家文化公园建设方案》《大运河文化和旅游融合发展规划》等文件，特别强调大运河文化与旅游融合发展的重要性。

促进非物质文化遗产与旅游融合发展，应在大运河沿线建设文化生态保护区，完善非遗保护利用设施。同时，应促进大运河沿线传统工艺振兴发展，以大运河非遗的材料之美、工艺之美、视觉之美、听觉之美，展现运河沿岸人民的生活智慧，唤醒大运河沿岸的中华传统审美典范，使大运河文化在创意场景中焕发新生。在这方面，各地已经或正在进行积极探索。例如，邯郸市以"运河古都名镇之旅"为主线，开发非遗美食游等特色运河主题旅游线路；衡水市以大运河沿线遗存为基础，修建了华家口京杭运河文化村等一批运河村庄；沧州市正在建设中国大运河非物质文化遗产公园及展示馆，建成后，将成为大运河沿线非遗的集中展示地。

此外，在山东、江苏、浙江等运河沿线省份，运河非遗小镇、运河非遗集市、运河非遗文创、运河非遗旅游线路等

> **拓展阅读**

也越来越多。各种运河文化新载体、新媒介在传统与现代、传承与创新的融合中不断涌现。

贯通南北、哺育生民的大运河从历史深处流淌而来,大运河沿线丰富的非物质文化遗产是文脉、记忆、乡愁,更是今天的人们创新创造的基因库、素材库。我们期待大运河文化活起来、火起来,不断焕发出勃勃生机。大运河非遗必将成为新时代宣传中国形象、展示中华文明、彰显文化自信的又一张亮丽名片。

02

戏曲艺术——
守正创新　薪火相传

傅　谨

戏曲是中华文化的瑰宝，具有鲜明的民族特色和广泛的世界影响。戏曲艺术的薪火相传，靠的是一代代戏曲艺术工作者的长期共同努力，靠的是戏曲优良传统的接续传承，靠的是守正创新，靠的是从弘扬中华文化战略高度推动戏曲艺术健康发展的使命和责任。

戏曲艺术薪火相传，不仅要十分重视经典剧目的传承传播、戏曲表现技法的代际传承，还要致力于符合戏曲艺术规律的新剧目创作。三者互为表里、相互支撑，是戏曲艺术历数百年传承不绝的主要原因。当代戏曲艺术家守正创新的生动实践，再一次证明了这一艺术规律。

赓续传统　弦歌不辍：传统经典剧目有序传承

传统经典剧目的持续、高水平展现，是戏曲艺术生命力的切实保障，是创作者领悟戏曲美学原则的最好范本。

戏曲艺术内涵丰富，从多样化戏曲剧种到各剧种大量题材风格各异的剧目，共同组成了戏曲这座五彩斑斓的艺术大厦，传统经典是重要组成部分。

戏曲经典传承并非一成不变。在跨地域传播过程中，产生了表演形态变化；在不同时代语境下，因观众审美趣味实现了发展。戏曲界历史形成的对传统的尊重与敬畏、创作者在实践中形成的对艺术规律的掌握与理解，保证了戏曲艺术在发展中虽有变化，却不离戏曲之根本，延续着中华优秀传统的文脉。

历代戏曲艺术家通过对经典剧目的有序传承，将戏曲艺术一代一代地传至当下，努力使其传得更远、更广。从京剧经典剧目"音配像"工程，到近年来中宣部、文化和旅游部相继推出的"名家传戏——当代戏曲名家收徒传艺工程"、戏曲艺术"像音像"工程、全国地方戏曲剧种剧团普查和在江苏昆山举办的"百戏盛典"展演活动，都是致力于更好传承展现传统经典剧目的基础性工程。

这些重要工程和活动已产生巨大影响。例如，"音配像"工程拍摄的300多出京剧经典剧目，早已成为京剧表演和教学的模板。京剧名家言传身教的经典传授方式同样重要。例如，昆曲借列入联合国教科文组织人类非物质文化遗产代表作名录的重要契机，全力以赴开展了挖掘与修复传统经典的工作。上海昆剧团的蔡正仁、浙江昆剧团的汪世瑜、江苏省昆剧院的张继青等退休多年的昆曲名家重新忙碌起来，全国各地许多优秀中青年演员纷纷向他们求教、学习，呈现出全新气象。昆曲现已成为最具市场号召力的剧种之一，上海昆剧团近年在全国各地以传统经典为主的巡回演出应接不暇，所到之处皆因其精致典雅的表演获得盛赞。

经典之所以为经典，是因其蕴含和承载着戏曲艺术最重要的美学因子。经典剧目具有艺术完整性，通过它们的不断演绎、传承，便足以整体地传递这门艺术的美学精义。

传戏带徒　教学相长：技术训练体系有规可循

戏曲事业繁荣发展关键在"人"。作为表演艺术的戏曲，是以表演者身体（形体与声音）表达为媒介的。因而，只有一代代戏曲表演者充分掌握表演技法，自觉遵循美学原则，戏曲艺术才能真正实现薪火相传。

戏曲人才的培养是基础和关键。艺术家对戏曲美学精神的把握和传承是以技术训练为起点的。技术训练是戏曲教育机构之责，戏曲专业院校坚持正确的人才培养路径与方法，对戏曲艺术有序传承具有决定性意义。

戏曲艺术的功法，即通称的"四功五法"，是戏曲美学在身体训练与表达层面具象化的结果。数百年来，戏曲界前辈逐渐从实践中，总结归纳出一系列深刻反映戏曲艺术规律的知识，建构起完整的功法训练体系，包括从开蒙到进阶的剧目教学内容，保证了各剧种技术训练体系在整体上有规可循、有范可依。

精彩艺术需以精湛技艺为依托。中国戏曲学院近年挖掘整理的武旦经典剧目《朝金顶》是突出范例。因注重技术训练的系统性和规范性，戏曲表演专业的技术和艺术水平明显提升，几近失传、表演繁难的京剧武旦经典有机会重现舞台。

戏曲教育传统将基本功训练与经典剧目表演融为一体，相辅相成，这一行之有效的优良传统延续至今。戏曲以人为载体，所以更要重视个体差异。所有基础功法和技术规范，都必须在实际舞台表演中与表演者身体相结合，找到适宜的表达方式。传统经典往往能给表演者最大限度的个人发挥空间，它们是最佳的教学剧目。

戏曲人才培养是一项系统工程。除了对表演人才的培养，还应重视戏曲编剧、导演、音乐、舞台美术及文化传播、理论研究等领域的人才培养。

立足时代　守正创新：不断激发戏曲艺术新活力

艺术门类的发展与演进，既要靠传统经典的重新演绎，还要有立足时代的创作。戏曲艺术生命力的延续和激活，呼唤当代艺术家的新创造。新剧目是戏曲艺术表现力的新开拓和新贡献，是戏曲艺术对时代和观众需求的回应。

守正是创新的前提，只有符合戏曲艺术规律的创新，才具有推动戏曲艺术健康发展的积极意义。如果说，活在当下舞台的传统经典深刻阐释了戏曲艺术中何者为"正"，当代那些尊重戏曲本体的新创作的成功，则有力说明了坚持守正创新的意义。

21世纪以来，陆续有滇剧《水莽草》、芗剧《保婴记》和近年的莆仙戏《踏伞行》、豫剧《重渡沟》、京剧《红军故事》等精品佳作问世。在新编古装戏和现代戏两个方向，它们都因高度戏曲化的舞台表达而赢得认可。

戏曲艺术的守正关键在遵循戏曲美学原则的艺术表达，是戏曲功法手段在创作和演出中自然圆熟的运用，而不在题材和时代之分。现实题材从来不是戏曲化的障碍，只要坚持守正创新，就能攻克"既是现代戏，又是戏曲"这一难题。豫剧《重渡沟》就是有说服力的代表，主演贾文龙娴熟运用戏曲的翻跌功夫，高度戏曲化的手法，让人物情感心理较好地外化为舞台动作，成功地让当代观众接纳并喜欢上了这部现代戏曲作品，以及乡镇干部马海明的人物形象。

戏曲美学传统对接当代观众及其审美取向，是戏曲艺术薪火相传的重心，戏曲现代戏创作的成功，是戏曲艺术薪火相传的重要指标之一。这是薪火相传的应有之义，对戏曲发展具有不可忽视的积极推动作用。

《人民日报》2020 年 11 月 26 日第 20 版

> 拓展阅读

寻找非遗文化保护的源头活水

封寿炎

据报道，2022年文化和自然遗产日期间，全国各地举办了6200多项非遗宣传展示活动，其中线上活动达2400多项。这有助于提高公众的非遗保护意识，传承弘扬中华优秀传统文化，营造非遗保护良好社会氛围，也充分体现了2022年文化和自然遗产日的活动主题"文物保护：时代共进、人民共享"。

以文化自觉保护非遗文化，其必要性和重要性都无须赘述。若论对于日常生活的参与和渗透、对于生活方式和社会形态的塑造，非遗文化的影响力都不亚于物质文化遗产。人们从孩提时期就耳濡目染口头传说，遵从言传身教的传统习惯。在节假日里，人们沉浸式体验民俗活动、节庆礼仪，观看传统表演艺术。在日常生活里，传统工艺美学遍布于衣食住行。有关自然界和宇宙的传统知识实践，更是深深渗透于人们的世界观、价值观和人生观，对他们的一生都具有深刻久远的影响。

寻找非遗文化保护的源头活水

拓展阅读

相比于具备显著物理形态的物质文化遗产，非遗文化保护很容易被轻视。再加上其非物质的存在形态，以及实践性、流动易变的特征，非遗文化保护更需要与时代共进，需要更广泛地参与共享。在这方面，不少非遗文化保护都面临一个共性问题：在人们的生产方式、生活方式和思想观念都发生了巨变的现代社会，根植于传统社会的非遗文化可否得到有效调适，与当下的生产生活实践紧密结合，从中找到源头活水，获得生根发芽、成长壮大的机会？

2014年秋天，笔者在20多天的时间里，从上海启程，途经青海、甘肃，一路旅行到新疆喀纳斯。除了迥异于江南水乡的雄浑风光，大西北丰富多彩的非遗文化、传统技艺，也成为笔者观察体验的重点。笔者发现，不同非遗文化与当下生活实践的结合度各不相同。一般来说，结合度越是紧密，非遗文化的保护和传承就越具生命力。

甘肃兰州是2022年文化和自然遗产日的主场城市。笔者在当年的行程中看到，传统牛肉面馆遍布兰州大街小巷，与群众的日常生活紧密相连。在牛肉面馆里，一位中学生直率地指正笔者的错误，手把手教习"兰州人吃牛肉面的正确方式"。他对家乡非遗的自豪感扑面而来："我们兰州没有最好吃、最正宗的牛肉面馆，因为每家面馆都各有特色，无法

> **拓展阅读**

简单比较。"有这样的群众基础和生活基础,担忧传统牛肉面的保护传承无异于杞人忧天。

与牛肉面相比,兰州另一项著名非遗文化羊皮筏子离老百姓的生活就有点距离了。机器动力船只在黄河里穿梭往返,一道道桥梁横跨黄河两岸,羊皮筏子早就失去了交通运输的经济社会功能,附着其上的社会文化功能也随之剥落。在黄河风情线旅游观光带,羊皮筏子游离于当地的社会文化形态之外,也隔离于当地群众的日常生活之外,成为一种景观化、商品化的旅游体验项目。如何对羊皮筏子的社会文化功能进行新的阐释和创造,如何围绕其制作、使用和习俗重构相应的社会形态和文化形态,恐怕都是对这一非遗文化的保护传承中应该思考的问题。

无独有偶,在笔者的观察里,传统音乐也面临类似境遇。在新疆喀纳斯湖区的图瓦老村,笔者借宿在一户图瓦牧民的家里。晚饭时分,牧民一家人载歌载舞。男主人吹奏图瓦人的传统乐器"楚吾尔",他的妹夫放声高歌蒙古族传统民歌。雨雪下了整天整夜,在寒冷天地间的这座温暖小木屋里,一场歌舞宴会展现出日常生活的力量,深深地打动人心。吐鲁番柏孜克里克千佛洞由于地处偏僻,游客稀少,在景点演奏传统乐器的老人生意冷清。一旦脱离了活生生的日

> **拓展阅读**

常场景，表演化、商业化的传统音乐就有可能被剥离原有的社会文化功能，原本那种极具感染力的艺术生命力，就有可能黯然失色。

非遗文化应该与时代发展共进，融入人们的生产生活实践之中。非遗文化的保护传承应该依靠人民的广泛参与，其成果应该实现与人民共享。在实践中保护，在实践中传承，非遗文化才能找到生命力的源头活水。

03

把非物质文化遗产保护好传承好

冯骥才

2022年春节前夕，习近平总书记在山西考察时指出："历史文化遗产承载着中华民族的基因和血脉，不仅属于我们这一代人，也属于子孙万代。要敬畏历史、敬畏文化、敬畏生态，全面保护好历史文化遗产"。这为我们做好文化遗产保护工作指明了方向、提供了遵循。中国非物质文化遗产是中华文化的瑰宝，也是人类文明的重要组成部分。把非物质文化遗产精心守护好，让历史文脉更好地传承下去，需要健全非物质文化遗产保护传承体系。

实施中华优秀传统文化传承发展工程，是党和国家延续中华文脉、传承中华优秀传统文化的重大战略举措。在优秀传统文化传承发展保护方面，有两项工作值得一提：一是抢救和保护非物质文化遗产；二是对传统村落的认定。这两项工作都具有鲜明的时代性和刻不容缓的紧迫性。经过多年努力，目前中华大地上的非物质文化遗产情况已基本摸清，我国已建立起具有中国特色的国家、省、市、县四级名录体系，共认定非物质文化遗产代表性项目10万余项，国家级非物质文化遗产代表性项目为1557项；已认定的传统村落有6819个。这两项工作取得的成绩，表明我们传承发展中华优秀传统文化的能力和水平有了进一步提升。

非物质文化遗产保护工作难度很大。这首先是由于我国非物质文化遗产体量庞大、种类丰富、缤纷多彩；其次是由于非物质文化遗产是一种活态存在，如何保护较难把握，而且没有前人经验可资借鉴。面对这项充满挑战的工作，应该如何提高质量和效率？关键是既要在系统保护和修复涵养上下功夫，又要加快健全非物质文化遗产保护传承体系。

科学保护是根本。科学保护就是从非物质文化遗产的性质、特点、规律出发，从实际出发，制定实施一整套科学的保护规则、标准、方法、机制。这项工作还需要下很大功夫。非物质文化遗产是口头的、无形的、活态的，要通过文字和音像的记录、整理与编制，才得以"看得见、摸得着"。这就需要我们给每一项已经被列入国家保护范畴的非物质文化遗产制定精确的档案，以制度化体系化运行确保传承保护落实到位。此外，做好保护工作还需要建立切实有效的监督机制。应根据《中华人民共和国非物质文化遗产法》，依据科学制定的保护标准与规范加强监督。历史和实践都表明，只有建立起一整套科学规范并严格执行的保护传承体系，保护才有保证，发展才有依据。

怎样做好非物质文化遗产保护

人才培养是关键。非物质文化遗产的保护传承需要专业人才，没有专业人才就无法做到科学保护传承。目前，我国非物质文化遗产体量很大，相比较而言，人才远远不足。健全非物质文化遗产保护传承体系，要深刻认识人才的重要性，加大人才培养力度。这就需要加强学科建设，积极培育既有专业知识，又有高度责任感的人才。有学科优势的大学可以设置非物质文化遗产保护与研究等课程，大力培养一支奋发有为的保护传承生力军。应当认识到，有计划地、源源不断地培养这方面的人才，不仅能满足非物质文化遗产保护传承事业的需要，还能建设一支弘扬中华优秀传统文化的骨干力量。

从建立国家非物质文化遗产档案、加强规范管理到学科设置、人才培养，这是一个相互关联的科学体系。如果说非物质文化遗产保护前一个阶段是抢救性保护的阶段，现在则进入了科学保护的新阶段。我们要科学地、系统地管理好、保护好我们祖先代代相传的宝贵遗产，使之根脉相续、永葆活力，成为人民美好生活中最具民族特色的一部分，为实现中华民族伟大复兴提供强大精神支撑。

《人民日报》2022 年 2 月 7 日第 7 版

> 拓展阅读

新时代非物质文化遗产保护要避免三个误区

吴伟珍

非物质文化遗产是中华优秀传统文化的重要组成部分，是中华文明延绵传承的生动见证。党的十八大以来，我国非物质文化遗产保护工作取得显著成绩。2021年8月，中共中央办公厅、国务院办公厅印发了《关于进一步加强非物质文化遗产保护工作的意见》，从坚定文化自信、实现中华民族伟大复兴中国梦的全局和战略高度，对当前和今后一段时期的非物质文化遗产（以下简称"非遗"）保护传承工作提出明确要求。

当前，我国已经建立国家、省、市、县四级非遗名录体系，认定非遗代表性项目达10万余项，大批珍贵、濒危和具有重要价值的非物质文化遗产得到有效保护，越来越多的非遗项目融入人们的生产生活中，在展示中华优秀传统文化魅力、促进经济社会发展等方面发挥着重要的作用。与此同时，在工业化、城镇化背景下，非物质文化遗产保护仍然面临诸

> **拓展阅读**

多挑战。做好新时代非遗保护工作，要避免三个误区。

一是避免重申报、轻保护。近年来，随着非遗保护工作的推进，各地对非遗项目申报都表现出极大的热情，但一旦项目进入了《国家级非物质文化遗产名录》，保护工作似乎也就此终结。把非遗项目的数量视为政绩，重申报而轻保护，就会导致非遗项目申报泛化；只看重非遗项目的经济效益，重开发而轻管理，就会导致非遗保护功利化。很多和经济发展无显性联系的非遗项目，如祭祀礼仪、神话传说、经典史诗、民间故事、地方戏曲等，即便申请成功也无法产生经济效益，更是容易被束之高阁。还有一些基层工作人员，对非遗保护工作的重要性认识不足，缺乏做好非遗保护的专业技能，只知组织申报，却不知如何保护。

非遗保护要巩固党委领导、政府负责、部门协同、社会参与的工作格局，进一步提高对非遗保护工作重要性的认识，把非遗保护工作纳入经济社会发展相关规划，纳入考核评价体系。加大经费投入，把非遗保护经费纳入本级财政预算，并随着非遗项目的增多而增加，引导社会资本参与非遗保护传承。强化机构队伍建设，把非遗保护纳入有关干部教育培训内容，提升非遗人才队伍能力，使非遗保护工作力量与其承担的职责任务相适应。加强督促检查，严格非遗项目

> **拓展阅读**

的入选标准，对已列入名录的非遗项目进行动态管理，并对保护不力的项目追究相关人员的责任。

二是避免重经济、轻传承。许多地方对非遗项目的申请从经济角度出发，更看重非遗的"金字招牌"，推进非遗项目产业化，进而拉动经济发展。那些可以直接产生经济效益的非遗项目，往往存在过度开发的情况，很多非遗项目被"符号化"规模生产，有些甚至被人为改造成其他形式，完全与原生态保护的原则背道而驰，造成消极影响。同时，也有一些非遗项目受到市场接受程度低、短时间内难以掌握技艺、家族性传承的限制等因素影响；再加上生存压力大、缺乏职业荣誉感，使得年轻人很难真正进入非遗领域，传承人老龄化、青黄不接的现象突出，部分非遗项目依然面临失传的危险。

非遗保护必须平衡好保护传承和创新开发之间的关系，不能一味地迎合屈从市场需求，如果只考虑开发而忘却保护，非遗就很难避免开发性破坏。要推动非遗项目合理开发，在保持非遗产品形态和文化内涵的前提下，扩大非遗项目的品牌影响和产业链条。要防止非遗项目过度商业化，依法制止打着非遗保护的幌子谋取商业利益的行为，对于滥用非遗代表性项目或者过度开发的情况，应视情责令其限期整

拓展阅读

改，或做出变更保护单位、撤销代表性传承人资格等处罚。要加大对非遗传承人的支持和扶持力度，解决年轻人进入非遗领域的后顾之忧，切实增强他们的参与感、获得感和荣誉感，让每个非遗项目都后继有人。

三是避免重传统、轻创新。很多地方的非遗保护，只注重对遗产本身稳定性的延续和保护，认为非遗就应该保持"原汁原味"，否则就是破坏，以至于非遗保护出现僵化的现象。一些地方热衷于非物质文化遗产馆的建设，展示了大量的实物、图片、视频和文字，但更多是"物的展览"，忽略了与之密切相关的传承人，呈现出越来越明显的"博物馆化"。一些地方在非遗创新上走了弯路，把非遗变为精髓尽失的"转基因"产品，弱化甚至异化了传统文化的内涵，实质上就是对非遗项目的破坏和伤害。

非遗是活态的文化遗存，忽略非遗本身的变化，把非遗与现代生活割裂开，只会让非遗生存空间越来越窄。要以更加开放的心态面对传统与现代的冲突，把非遗置于其所赖以产生的生产实践中去保护，推动非遗的生产性保护，使其更好地融入现代生活。要"活水养鱼"，既要重视非遗的呈现形式，也要重视培育孕育非遗生存的土壤，实现"见人""见物""见生活"。要综合运用数字媒介技术，做好非

> **拓展阅读**

遗数字化传播展示，加快非遗资源数据库建设，妥善保存相关实物、资料，让非遗"听得见""摸得着""带得走"，使更多的非遗得以留诸后人，发挥传承文化滋养文明的作用。

总之，保护好、传承好、利用好非物质文化遗产，对于延续历史文脉、坚定文化自信、推动文明交流互鉴、建设社会主义文化强国具有重要意义。只有坚守中华文化立场、传承中华文化基因，尊重非遗基本内涵，弘扬非遗当代价值，推动非遗创造性转化、创新性发展，才能让非遗在新时代绽放新光彩。

04

在光影中感受非遗魅力

尹双红

从婉丽妩媚的昆曲,到高亢嘹亮的唢呐;从巧夺天工的刺绣,到璀璨艳丽的唐卡……多姿多彩的非物质文化遗产,记录着传统的生产生活方式,见证着绵延不息的文明传承,是我们宝贵的精神文化财富。如何让深藏于乡野阡陌、都市街巷的非遗文化走进更多人的视野?如何让浸润着匠人匠心的古老技艺、民俗艺术焕发新的光彩?近年来,非遗与纪录片的相遇,让我们看到了新的可能。

影像记录是保护非遗的必要手段,非遗技艺为影视创作提供了丰富的素材。现象级纪录片《我在故宫修文物》,以全新视角走进故宫,通过文物修复师们的日常工作,带领人们了解故宫博物院里的国家级非物质文化遗产;系列微纪录片《了不起的匠人》,把镜头对准匠人们的手艺生活,用贴近年轻人的创新表达,展现精妙技艺背后的情怀与故事、审美与文化；纪录电影《天工苏作》，从琳琅满目的苏州传统工艺门类中，选取蚕桑丝织、传统木结构建筑营造等非遗项目，展示古老技艺的工艺之美、匠心之巧……通过纪录片的艺术性再现，我们在一招一式、一榫一卯、一针一线中了解古老技艺的前世今生、领略传统文化的独特魅力，也让"择一事，终一生"的工匠精神深深触动了无数人的内心。

非物质文化遗产古老而传统，有些还有着较高的门槛，大众要深入了解并不容易，而纪录片恰恰可以充当人们走近非遗的"桥梁"。最初，田野考察中拍摄影像的目的，主要是做好非遗的记录和留存工作，侧重真实性、准确性。而面向大众的影视纪录作品，在真实记录非遗技艺的同时，还努力追求镜头美、语言美、叙事美，以期给观众带来人文精神和审美体验的双重享受，也因此被寄予了更多传播、普及非遗的期待。如今，从走进院线的电影，到在网络上火热的微视频，越来越多非遗题材纪录片逐渐打破"小众""冷门"的标签，走进大众视野。它们精练地浓缩非遗的传承流变，讲述传承人背后的冷暖人生，为我们打开一扇扇认识非遗、了解传统文化的大门。

纪录片带来的关注，让众多沉睡的非物质文化遗产焕发出新的活力。例如，《舌尖上的中国》播出后，章丘铁锅名声大振，被一抢而空，章丘铁锅锻打技艺得到进一步规范与保护；《天工苏作》吸引众多观众现场操作缂丝机，亲身感受传统工艺缂丝的精妙；《我在故宫修文物》走红后，文物修复师成为热门职业……非遗影片热潮让更多沉睡的文化遗产被看见，不仅让非遗技艺有了精彩绽放的舞台，还吸引着更多人才从事相关工作，为非遗的保护、传承与创新注入了新生力量。

如今，很多年轻人对传统文化抱有浓厚兴趣，叫好又叫座的非遗影片不断涌现，在保护、传承和推广非物质文化遗产上起到更大作用。2021年8月，中共中央办公厅、国务院办公厅印发《关于进一步加强非物质文化遗产保护工作的意见》，明确提出要"支持加强相关题材纪录片创作"。对创作者而言，让非遗与现代影视技术碰撞出更精彩的火花，既是时代赋予的使命，更是观众的期待。广大创作者立足广阔大地，植根千年文化，潜心耕耘，不断创新，一定能推动更多非物质文化遗产"飞入寻常百姓家"，并使其不断迎来保护、发展的新机遇。

《人民日报》2022年2月23日第5版

> 拓展阅读

借力新媒体推动非遗
创造性转化、创新性发展

崔艳天

　　非物质文化遗产是我国文化基因的重要载体，其内在的信仰习俗、特定的生活方式、独特的审美情趣和稳固的价值观，对中华民族伦理道德、价值观、风俗民情、精神风貌的塑造和养成都产生深刻影响，构成中华文明的基本底色。同时要看到，非遗与生产生活脱节等问题仍较为突出，在创意设计、市场化运作和科技提升方面还存在一些不足。因此，推动我国非遗创造性转化、创新性发展成为亟须解决的命题。2022年8月，中共中央办公厅、国务院办公厅印发的《"十四五"文化发展规划》指出，要强化非遗融入生产生活，创新开展主题传播活动，推进非遗进校园、进社区、进网络，为推动非遗创造性转化、创新性发展提出了新要求、新思路。

　　德国民俗学家保·辛格尔认为，现代技术世界的发达表面上造成了许多不利于民间文化生存的条件，但实际上现代

> **拓展阅读**

技术世界的时间感及交通、大众传媒造成的跨越式的空间，以及社会分化的强化，促使民俗活动的节奏加快，为民俗提供了更加广阔的空间涵盖面，使之可以通过互联网的通信技术传递到超地方的领域中，并为不同社群的认同和联谊提供机会。新媒体的快速发展，不仅推动非遗展示、展演创新，还会在更深层次上进一步推动非遗内容生产与传播、经营组织方式的全方位变革。为此，我们要紧抓新媒体发展的契机，建立数字化存储、生产、展示、传播全链条，在谋求保护、生产、消费一体化的进程中推动非遗创造性转化、创新性发展。

建设非遗数字化共享平台

针对传承人队伍年龄结构老化、技艺面临失传、实物分散且保护困难等困境，进行非遗影像化采集与存储是当下最为紧迫的任务。第一，紧抓国家文化大数据体系建设契机，重点对非物质文化遗产的图片、影像、实物进行整理、归类、记录、编辑、管理和再现，综合应用区块链及知识建库技术、VR、AR等技术开展多元化、多层次、全方位的动态性采集存储，重点对非遗图形符号、典型纹样、地域属性、时代特征、色彩体系等进行系统性识别、专业化分类，建立逻

拓展阅读

辑集中、物理分散的非遗基因信息库。第二，用数字化技术对非物质文化遗产实践的动态过程进行动态、立体、高清晰的记录，通过数字勘测、数字复原、数字解读、数字集成等方式，将故事性强的非遗项目拍摄成电影、电视剧、综艺节目等，通过游戏、动漫、网络文学、短视频等数字娱乐产品实现非遗资源向文化消费产品的转化。第三，搭建联通非遗信息资源、公共服务、产品开发、传播消费、版权交易、投融资、创新创业等服务于一体的数字共享平台，实现全国资源共享与要素自由流通。

推动非遗生产与经营创新

"内容+电商"已成为互联网平台主流的商业模式，近年来，"直播+非遗+电商""直播+非遗+综艺"等新媒体运营模式具有吸引年轻人的天然优势，迎合了年轻人的文化消费习惯和媒介使用方式，搭建了非遗与年轻人联系的桥梁，大大提升了非遗的知名度。但遗憾的是，一些短视频、直播为了制造噱头而疏于对内容的深度挖掘，一定程度上让非遗展示展演效果打了折扣。今后在这方面应有所改变。第一，重视非遗垂直细分领域的深耕细作，强化内容运营，挖掘非遗文化内涵，重视人文表达，加强对非遗项目人物故

> **拓展阅读**

事、项目渊源、价值、观念和仪规等内涵的挖掘与传播。第二，提升非遗传播的互动性和趣味性，充分利用非遗项目的奇特性、趣味性等特征，通过非遗话题制造、非遗新媒体创新创意大赛等形式，变被动传播为主动传播，鼓励用户通过"非遗＋直播""非遗 VLOG""非遗小游戏""非遗小程序"等形式创造更多可能，实现由"蹭流量"向"制造流量"转变。第三，提高非遗资源创造性转化、创新性发展的智能创作能力。充分捕捉非遗受众的兴趣、审美偏好、价值取向和消费能力等个性化特征，通过大数据勾画出不同受众的文化需求，采用"算法决策＋非遗场景式"的创作模式，创作出符合受众审美偏好、能引起受众精神和情感共鸣的非遗作品。

拓展非遗展示展演空间

第一，构建"虚拟＋现实"的非遗展示展演场景。场景与场所和空间相比内涵更加丰富，是生活文化设施、社区、多样化人群、文化活动等多要素的组合，并强调其所承载的行为及价值观对城市经济增长和城市社会结构可能产生的影响。一方面要创新思路，借助5G、人工智能、虚拟现实等

> **拓展阅读**

信息技术，通过沉浸式体验、交互式参与、娱乐化休闲、符号性消费等方式，打造多维场景，提升受众参与度。另一方面要重视场景的营造，通过完善非遗传承人生产环境、文化活动、便利设施，形成实体与虚拟场景融合发展的展示展演空间，以文化记忆和价值观为纽带吸引多样化人群的广泛参与，进而产生更具深度的文化参与和文化认同。第二，打造线下与线上协同的非遗社群。加拿大传播学者马歇尔·麦克卢汉将社群分为"部落化—非部落化—再部落化"三个逻辑类型和发展阶段，他认为，随着信息技术的快速发展，去中心化和共时化连接的趋势日益显著，信息密集的环境正在重构"再部落化"的社群关系，在这一变迁的过程中，以聚居和交往活动为核心的在地社群变成了以信息、图像交流为中心的在线虚拟社群。这种在线虚拟社群往往通过共同的话题、兴趣和大致趋同的价值观将人们在虚拟社群中集聚起来，成为网民表达、娱乐、交易、消费的活动空间。非物质文化遗产蕴含的习俗、审美、价值观、生活方式在现代文明的冲击中日益式微，亟须在新的环境中寻找新的认同。推动非物质文化遗产的传承弘扬，既要对非遗传承人及其生活环境进行整体性保护，也要构筑新的虚拟社群，在以非遗为核心文化的网络社群中构建起以集体记忆为内核的新的文化体

> **拓展阅读**

系,以此唤起文化记忆,连接新的力量,实现新的文化认同与活化传承。

创新非遗传播方式

新媒体是新的技术支撑体系下出现的媒体形态,被称为"第五媒体",其互动性强、传播精准度高,但同时也存在传播议题分散、系列化水平不高等现象,需要从传播媒介、传播对象和传播展示形态等方面进行全面创新。第一,充分利用5G技术,把短视频、直播等新媒体和报刊图书、电视电影、演艺舞台等传统媒体相互融合,形成多层次覆盖、全方位联通、多角度展示的立体融媒体传播体系,坚持政府引导、市场主导,以"官媒+自媒体"的形式建立多区域、多层级的传播矩阵,重点吸引社会大众力量形成非遗传播合力。第二,立足于新媒体传播互动性、整合性、多元性的优势,兼顾传播者、信息、媒体、受众和效果五个传播要素,充分发挥社交网络媒体的主阵地作用,建立以非遗类别为横向轴,以数字电视、数字电影、微博、微信、短视频、直播、云游戏、小程序等媒体类型为纵向轴的传播矩阵,对非遗十大类型进行专题式、系列化传播。第三,拓展非遗新媒体传播形式,利用社交平台改变受众单向、被动接收信息的

> **拓展阅读**

现状,推动传播主体由单一化组织向多元化转变,由被动接收向人际、群体、组织和大众传播的多元整合转变与升级,由过去提供单一场景的标准化内容向满足受众从不同场景、不同情境中获取个性化内容转变,实现人际、群体、组织和大众传播的共振效果。第四,夯实我国非遗传播的互鉴路径,构建非遗海外传播网络,积极开展以非遗为主题的对我国港澳台地区,以及对国外交流传播的活动,打造"国内传播+国际传播"的新媒体矩阵,提升非遗的国际传播力与影响力。

05

文旅融合开遗产保护新局

韩子勇

党的十八大以来,文旅融合的"化学反应",在历史文化遗产保护和旅游业的深度融合上最为明显。

近年来,博物馆、美术馆热方兴未艾。过去一些高冷、小众的领域,如考古等,涌入普通百姓日常生活,为日益深化的现代节奏加入传统神韵。伴随良渚、三星堆、双槐树、海昏侯等遗址考古发掘的推进,这些遗址和博物馆迅速成为热门打卡地。

从河南卫视的《唐宫夜宴》,到引发"故宫跑"的《千里江山图》及据此创意的舞剧《只此青绿》;从文创热、美食视频,到国乐、汉服、老字号、茶道等传统生活美学的热兴;从古城古镇古村游,到艺术乡建、特色小镇……历史文化遗产保护和大旅游格局的互动双赢日渐形成,传承弘扬中华优秀传统文化和创造性转化、创新性发展成为共识，民族美学资源和文化密码在生产消费场景的运用日趋丰富……所有这些文化与旅游、生活、社会的深度融合，正发生着美妙、壮观的"链式反应"。

北京冬奥会开幕式，以立春为代表的二十四节气等非物质文化遗产元素的活化运用，惊艳世界。今天，哪怕是走进偏远山村，也能遇到非遗助力旅游、助力乡村振兴的鲜活例证。非物质文化遗产，这个乍听有点拗口生僻的词，竟这样大规模普及了，扎下根、长出叶、开花结果，在时代生活的沃野郁郁葱葱。"好风凭借力，送我上青云"，一项事业成功的奥秘，是历史发展的磅礴推力。这推力来自人民，根植于人民对美好生活的追求。

中华文明有采风记俗的悠久传统，很早就孕育出强烈的历史意识和执着于理想追求的精神特质。慎终追远、天人合一、和合仁爱、自强不息、家国一体……所有这一切，丝丝缕缕，织出多元一体、生生不息、云蒸霞蔚的文化美景，呈现于一处处遗址、一座座博物馆和浩若星海的非物质文化遗产里。它使我们在漫长的历史岁月中，一直走在世界前列；也必将在全面建设社会主义现代化国家、实现中华民族伟大复兴的新征程上，发挥巨大作用。

特别是长城文化、大运河文化、黄河文化、长江文化、长征精神……这些横亘于中华大地的历史文脉和精神遗产，以国家文化公园的形态标示出来，开展系统的传承保护、创造转化、旅游规划，彰显了新时代高度的文化自觉和自信，必将使历史文化遗产保护出新境、开新局。

《人民日报》2022年3月15日第20版

拓展阅读

中国传统木结构建筑影响深远

赵玉春

在世界传统建筑体系中,东亚与东南亚地区的建筑是以木结构建筑为主,其中又以中国的木结构建筑发展最早也最为成熟,影响深远。其营造技艺一直传承至今,2009年被联合国教科文组织列入人类非物质文化遗产名录。北京四合院、山西大院、徽派民居等大众熟知的居住空间,都是这一技艺的代表作。

木结构营造技艺源远流长

中国传统木结构营造技艺,以木材为主要建筑材料,以榫卯为木构件主要连接方法,以模数为设计和加工生产的尺度标准,以"八大作"为主要施工内容。柱、梁、枋、斗拱等大木构件,形成了建筑的框架结构。

这项技艺源远流长。在距今约7000年的河姆渡文化遗址中,传统木结构建筑标志性的榫卯技术就已经出现。在距今3800—3550年的河南偃师二里头文化遗址中,出现了大

> **拓展阅读**

型木构架夯土建筑。《诗经》里有诗句形容屋顶出檐深远，如飞鸟张翅，这么长的屋檐主要就是为了保护夯土墙不受雨水冲刷。春秋时期，宫殿等重要建筑的屋面已经开始覆瓦。西汉时期，以"抬梁式"和"穿斗式"为代表的两种主要形式的木结构体系已经形成，并传承至今。建筑的屋顶也开始出现"举折"做法，使屋顶的形状形成"反宇"型弧面，建筑形象更加柔美，也改善了屋檐低垂影响室内采光的问题。

东汉时期，出现了真正的木楼和多层木塔。至晚从隋唐时期开始，以梁柱和"铺作（斗拱）层"相结合的技术，支撑起大开间大进深的建筑屋顶。两宋时期，产生了丁字脊和十字脊屋顶，以及"工"字形和"亚"字形平面的殿堂，挑檐也有所缩小。可以说，我们今天所能见到的传统建筑的基本形式，在宋代均已出现了。

从隋唐至北宋时期，中国传统木结构建筑营造技艺逐渐变得程式化、标准化和模数化。以宋代《营造法式》的出现为标志，一整套包括设计原则、类型等级、加工标准、施工规范、造价定额等的完整制度被总结出来，并以斗拱构件八等级的"材"作为模数标准。这套制度起到了统一规格、简化程序的功效。匠人按照这些现成的数值预制构件，无须反复计算，甚至无须详细的图纸。这是中国传统木结构建筑营

> **拓展阅读**

造技艺的一个里程碑。

元末明初开始,由于煤炭的大量使用,烧制的黏土砖产量大增,官式建筑和部分城市民居普遍采用了砖墙,建筑挑檐和斗拱尺寸进一步缩小。这一阶段比较重要的著作如明代《鲁班营造正式》、清代工部《工程做法则例》,分别总结和规定了江南民居建筑、官式建筑等通行的设计标准。

单体建筑组合体现空间美学

从古至今,人们对建筑空间的需求,主要体现在扩大室内空间和满足复杂功能两个方面。而由于受建筑技术和材料属性(如木材长度)的影响,单体木结构建筑的体量和形式受到限制,因此,中国很早就发展出单体建筑的群体组合这一营造传统。

不同历史时期、不同建筑体系,如宫廷、公署、礼制、合院式民居和园林等,组合方式均有差异。院落空间的变化、建筑间的烘托与对比、室内外空间的交融与过渡、各种空间要素的虚实相应、天际线的变化……多样化的组合形态,产生了独特且丰富的艺术特征。

例如,曾作为皇家宫殿的北京故宫,需要在建筑体系空间中体现皇家的威严和秩序,具有强烈的象征性。因此,在

> **拓展阅读**

整个建筑群中，就要特别突出中轴线建筑序列的视觉冲击力，包括中轴线上主要建筑的体量、形式与色彩，与室外空间体量与形状的呼应关系等。而一般的园林营造，则要着重避免各种内容与形态的对称。单体建筑的组合关系，是中国传统建筑体系营造空间美学的重要方法。

如此一来，单体建筑自身的适应性就比较强，相近体量的单体建筑之间的差异就相对较弱。如歇山顶建筑，既可用于宫廷，也可用于其他建筑体系。

营造技艺的传承受到重视

营造技艺大部分的施工过程，主要以"八大作"为主。所谓"八大作"，即木作（含大木作、小木作）、瓦作（含砖作）、石作、土作、油漆作、彩画作、搭材作、裱糊作。故宫的保护就要求严格遵循传统的"八大作"技艺。

如今，除了传统木结构营造技艺被列入人类非物质文化遗产名录，另有约20项与之相关的地方性传统建筑营造技艺，如北京四合院传统营造技艺等，被列入国家级非遗代表性项目名录。此外，"八大作"中的一些富有艺术性的特殊工艺、流派，如东阳木雕、潮州木雕、临夏砖雕、中卫建筑彩绘等，也成为国家级非遗。这些项目的传承人，同样是中

> **拓展阅读**

国传统木结构建筑营造技艺传承人的重要组成部分。

在古代社会中，营造技艺主要以师徒间言传身教的方式，在多工种的集体实践中传承。城市中的匠人多隶属于官办或民办的作坊。乡村民居则通常由工匠、家族成员和乡邻好友按各地的习惯做法共同完成，辈辈相因。各地乡村民居建筑的营造技艺被居民视为生活中不可或缺的传统文化，其构件内容、模数尺寸、加工与装配方法，不仅工匠烂熟于心，也为大众所熟知。由于营造传统木结构建筑的各项成本均相对较高，又受到环保理念和国家环保政策等直接影响，传统木结构建筑营造实践活动已经越来越少。大部分传承人的实践活动集中于传统建筑的修缮。

改革开放以来，各类旅游景区大量修建微缩建筑和仿古建筑，对传统木结构营造技艺的需求开始增多，如广东深圳的锦绣中华民俗村、河南开封的清明上河园等。这些景区的需求，成为近几十年来传统木结构建筑营造技艺实践与传承的重要推动力量。未来，如何做好传承人培养，将传统木结构营造技艺进一步发扬光大，还需要更多的智慧。

用影像彰显非遗文化的时代价值

闫 伟

习近平总书记在主持中央政治局第三十九次集体学习时强调："要坚持守正创新，推动中华优秀传统文化同社会主义社会相适应，展示中华民族的独特精神标识，更好构筑中国精神、中国价值、中国力量。"

近年来，我国电视艺术对非物质文化遗产（以下简称"非遗"）进行动态化存储和展示的同时，更注重彰显非遗文化的时代价值，表现其跨越时空的魅力。传统与现代、艺术与技术的"双向赋能"，既成为一道亮丽的文化图景，也让非遗文化展现出动人的时代风貌。

讲好非遗故事，找准"小切口"，做好"大文章"

呈现于荧屏的一个个真实而精彩的"非遗文本"，就是生动的中国故事。近年来，一些展现非遗文化的电视作品，或通过意趣盎然的情节铺展、活泼亲和的表达方式、原汁原味的细节呈现走近观众，或巧用非遗元素，使其文化魅力在服、化、道、摄、录、美中绽放出来。电视剧《大宅门》对中医药文化、《芝麻胡同》对酱菜制作技艺、《传奇大掌柜》对传统饮食文化、《大河儿女》对制瓷技艺等非遗项目的展现，都做了有益的艺术探索。

讲好非遗故事的关键，在于淋漓尽致地呈现出非遗和人的关系、生动鲜活地讲好传承人的故事。纪录片《百年巨匠·非遗篇》聚焦20世纪为中华文明作出突出贡献的非遗传承人，以独特的视角和细腻的手法，完成对"非遗人"的多维度塑造，并透过其与非遗文化从相遇到相知再到相守的全过程，展现这些匠人在新时代传承不辍、砥砺奋进的人格风貌。该片中的《百年紫砂》共3集，以每集30分钟的篇幅，层层递进地讲述紫砂匠人的故事，呈现精益求精的工匠精神。电视节目《大国工匠》《传承者》等，着力展现非遗传承人跌宕的人生经历，让观众在与人物的心灵对话中感知其品格与智慧的魅力。

叙述方式不同，往往会产生迥然相异的传播效果。创作者只有因事制宜，作品才可能自出机杼。比如，纪录片《传承（第三季）》的叙述手法，就从对"纪录美学"的追求转为对"戏剧美学"的尝试，一个个手艺人在传承非遗文化过程中的心路历程得以在丝丝入扣的叙述和富有张力的情节中展开。又如，电视剧《知否知否应是绿肥红瘦》中点茶技艺、《长安十二时辰》中眉间花钿等，都融进一段段虚实相间的故事，别开生面、清新灵动。

值得注意的是，表现非遗，不能浮于表面，更不能强行植入非遗元素，要避免表现与表达"两层皮"。讲好非遗故事，既要找准充满创意的"小切口"，又要做好内涵深远的"大文章"。只有深入挖掘非遗文化的历史脉络和精神实质，精准把握非遗在传统文化中的独特地位和作用，立体呈现非遗所承载的文化记忆和历史价值，辩证理解"中国故事、国际表达"的创作原则，才能让我国非遗文化通过电视艺术传之深远。

展现精神内核，让非遗文化绽放时代芳华

中华优秀传统文化是中华文明的智慧结晶和精华所在，是中华民族的根和魂，是我们在世界文化激荡中站稳脚跟的根基。对中华优秀传统文化进行新诠释、新解读、新创造，使优秀传统文化基因与当代文化相适应、与现代社会相协调，才能真正让非遗文化在创新表达中绽放时代芳华。

推动非遗文化在电视作品中的创造性转化和创新性发展，应将其自然地融入火热生活与时代大潮。非遗文化的荧屏亮相，既是人们对技艺之美、传统之美的再认识，也是引领观众对时代与生活的再感知、再体悟。例如，在中央广播电视总台节目《文化十分》之"非遗＋扶贫"中，节目组通过发掘贵州雷山县麻料村的苗族银饰锻制技艺、山西沁源县的沁源剪纸技艺、四川崇州市道明竹艺村的竹编技艺等，不仅传达了非遗项目的技艺之巧、内涵之深，还表现了非遗技艺在乡村振兴中发挥的作用，展现其在改善百姓生活方面释放的新动能。在上海东方卫视综艺节目《极限挑战宝藏行·绿水

青山公益季》中，成员们在呼伦贝尔大草原体验鄂温克人日常游牧、狩猎所需的多项技能，在武夷山查找五夫镇龙鱼戏表演中的不同细节，了解其独具特色的戏曲、舞蹈形式，使非遗文化所承载的"绿水青山就是金山银山"的生态文明建设主题，在生动表达中被观众更深刻地理解。

非遗文化中蕴含的民族精神内核与价值理念，在时代进程中被传承和发扬。纪录片《我在故宫修文物》《遇见工匠》《留住手艺》等，以富于质感的影像，生动展呈非遗匠人指间的精巧绝妙。岁月掩映下的艺术精华、令人叹为观止的传统智慧、"择一事、终一生"的境界和哲思，无不激发观众的民族自信心与自豪感。如何在电视艺术中寻找非遗文化与当代社会的精神连接，是非遗工作者与电视艺术工作者都应深入思考的课题。

创新表达方式，让非遗文化在技术赋能下焕发光彩

科技赋能艺术的时代，艺术与技术结合的电视艺术，正在不断迭代更新。当下影像中的非遗，拥有了释放无限想象力、产生无限可能性的诸多内容增量。

VR（虚拟现实）、AR（增强现实）和MR（混合现实）等新技术，使视听生产者突破了传统创作樊篱，给观众带来了别样的审美体验，也为非遗文化注入创新的活力和再生的能量。例如，纪录片《我在故宫六百年》借助虚拟影像技术，结合明中都遗址台基的实景影像，呈现了地上建筑复原动画，让人们在"真实的"一砖一瓦、一石一木间，为历史文化的坚守与传承所感动。纪录片《昆曲涅槃》

则令观众透过VR"亲临"江南水榭楼台，一睹昆曲传承人穿越时空的对话。现代视听技术正在"让非遗'活'起来、'火'起来"一步步变为现实。

电视艺术创作既要深谙"内容为王"的真谛，也需在全媒体传播中见真章。一方面，一些以非遗为题材的电视艺术作品，如《舌尖上的中国》系列纪录片等，积极适应当前媒介融合的环境，通过拓展渠道、丰富手段、聚拢用户等方式，助力非遗文化打破"小众""冷门"的刻板印象，积极走进大众视野。另一方面，《了不起的匠人》《指尖上的中国》《良工妙品》《非遗传承，少年敢当》等网络视听作品，也在以更加灵活多样的风格，整合非遗文化符号，在历史与现实、文化与市场的多维互动中，不断将非遗之美清晰完整地呈现在人们面前。

近年来，电视荧屏中的非遗文化吸引了不少年轻受众。未来，在知识化、情境化、活态化方面的探索尝试，是非遗作品在年轻态创作与传播方面可以发力的方向。当更多电视作品用创新表达让沉潜在岁月深处的非遗宝藏焕发光彩之时，能够以沉浸化、移动化、交互化的融媒方式让非遗项目得以全息呈现之时，能够秉持中华美学精神让更多的中国非遗感染世人之时，非遗文化便真正实现了其应有的时代价值。

《人民日报》2022年7月14日第20版

拓展阅读

非遗数字化大有可为

都本玲

随着数字化时代的到来,非遗的数字化保护和传播已经成为大势所趋。前沿的数字科技和传统的非遗文化在今天相遇携手,在非遗数字化档案建设,网络平台互动展播和公共文化服务等方面都开拓出新的疆域。

目前,非遗数字档案已经成为传统物态档案之外,非遗保护与传承的又一主要资料模式。在对非遗项目和传承人的图像、文字、音像等基础资料进行数字化保存后,为非遗项目拍摄高质量纪录片,为传承人拍摄口述史影像,成为进一步完善非遗数字化记录的紧迫任务。与此同时,加速推动优秀成果的研究利用,实现非遗数字资料的社会共享也是亟待解决的问题之一。

互联网将不同地域、不同年龄、不同职业的多元人群会聚到一起,也将政府、企业和个人连接在一起。第50次《中国互联网络发展状况统计报告》显示,从1997年10月到2022年6月,我国网民数量由62万增长至10.51亿,规

> **拓展阅读**

模居全球之首；互联网普及率从 0.03% 增长至 74.4%，超过同期世界平均水平。互联网改变了人们获取资讯的方式和习惯，也拓宽了非遗的保护和传播途径。经过近几年的探索实践，网上展播与互动已经占据非遗传播的半壁江山。2022 年"文化和自然遗产日"期间，全国共举办 6200 多项非遗宣传展示活动，其中近三分之一是线上模式。

短视频和网络直播的兴起，为非遗的现代传播开辟了新的舞台。截至 2022 年 6 月，我国短视频用户规模为 9.62 亿，网络直播用户规模达 7.16 亿，这庞大的统计数字中蕴含着巨大的传播潜力。利用一段几分钟的短视频，把天南海北的传统文化送到大众面前，呈现非遗的独特风采和生存状态，这种符合现代人视听习惯的传播方式，吸引了各个年龄层特别是年轻人对非遗的关注。从螺蛳粉到烤全羊、从侗族大歌到蒙古长调、从黄杨木雕到少林功夫，网络视频几乎形成了对国家级非遗项目的内容全覆盖。

网络直播除了带货，也开始成为传统文化的展播互动平台。2022 年 8 月，抖音直播启动"DOU 有国乐"计划，面向民乐爱好者、专业民乐人、民乐机构、民乐非遗传承人，进行直播带文化的新玩法。直播间内可互动可打赏，既增加了非遗文化与大众的接触面，也让传承人增加了收入，生活得

> **拓展阅读**

到改善。这种网上非遗展播依托现代数字技术，形式灵活，受众面广，直接高效，是非遗走近大众的便捷途径。同时要看到，由于网络资源来源纷杂，不同程度地存在良莠不齐、鱼目混珠的情况，如何利用好这个平台，进一步提升内容价值，做好质量品控，是一个不小的挑战。

此外，非遗数字化在公共文化服务领域也有很大潜力。借助 VR、AR、NUI 技术和 3D 全息投影技术等数字化手段，让博物馆、展览馆里的非遗项目活起来、动起来，能够大大提升展览的体验性、互动性和趣味性。沉浸在虚拟现实技术营造的非遗"现场"，参观者可以跨越时间、空间，借助科技的力量"瞬移"到千里之外，看一场川剧，观摩一件苗族银饰的打造，甚至参加一场蒙古族婚礼，沉浸式地感受非遗在"原生"环境中的魅力，数字化为博物馆展陈打开了想象之门。

总之，日新月异的数字科技为非遗带来了新的机遇与挑战，"乱花渐欲迷人眼"的纷繁形式下，坚守非遗保护与传承的初心显得尤为重要。非遗数字化保护与传播，既要讲究形式，更要强调内容，要加强非遗保护核心理念的普及，避免网络语境下可能对非遗造成的误导和损害，有层次、有重点地实现非遗公共资源的有效整合和共享。讲好非遗故事，讲好中国故事，非遗数字化大有可为。

07

"非遗"技艺活力再现

朱传欣

2021年9月14日，在陕西榆林绥德县非物质文化遗产陈列馆，习近平总书记指出："民间艺术是中华民族的宝贵财富，保护好、传承好、利用好老祖宗留下来的这些宝贝，对延续历史文脉、建设社会主义文化强国具有重要意义。"多姿多彩的民间艺术背后，离不开传统技艺的支撑。这些传统技艺镌刻着历史的印记，是中华民族的智慧结晶，也是宝贵的非物质文化遗产。

近年来，不少传统技艺重焕生机，引领社会潮流。2021年"双11"购物节期间，非遗工艺品网络销量激增，德化瓷器、宜兴紫砂、曲阳石雕、东阳木雕、南平建盏、扬州民乐、宣城文房四宝……消费者竞相购买相关产品，生动体现了非遗技艺的当代活力——"老字号"正成为年轻人喜爱的"新网红"。

新形式新表达，展现传统技艺的多元魅力

随着时代发展，许多非遗技艺从过去的抢救性保护、展览式传播，逐步回归生产实践和生活体验，非遗工艺品从博物馆走入百姓日常，非遗资源有机融入文化生活，深度嵌入文化产业发展之中，展现出日新月异的时代气息和创新活力。当前，跨界融合的"非遗+"成为非遗传承创新的重要表征，主要表现为以下几种类型。

其一，"非遗+文创"，将非遗元素作为产品的创意来源。梁平竹帘蓝牙音箱、苏州缂丝手提包、哈密刺绣耳机、广西壮锦围巾、曲阳定瓷玩偶、潮阳剪纸系列运动鞋……这些畅销的文创产品都是在非遗传承人和产品设计师的跨界合作下产生的。非遗技艺点亮文创产品的设计灵感，现代设计赋予非遗技艺以时尚气质，二者的有机融合受到人们的欢迎。

其二，"非遗+文旅"，依托非遗资源打造独具特色的文旅品牌。西安大唐不夜城通过剪纸、泥塑、皮影、西秦刺绣、秦腔脸谱等非遗工艺品、衍生品来吸引四方游客，成为年轻人争相"打卡"的旅游目的地；广州西关永庆坊旅游区在岭南民俗"行花街"中融入多场钉金绣裙褂非遗时装秀，让往来游客大开眼界；在宜昌长阳土家族自治县清江画廊景区，游客能够亲身参与和体验土家织锦、手工鞋垫、编制草鞋等非遗工艺，沉浸式感受当地风土人情。当下，依托非遗技艺体验的景区街区越来越多，成为文旅融合发展的重要趋势。

其三，"非遗+文娱"，越来越多的文艺作品以非遗技艺为表现对象。讲述非遗技艺和非遗传承人的纪录片不断涌现，如《了不起的匠人》《指尖上的传承》《海派百工》等。这些原本小众的题材通过影像记录，细致展现工艺制作过程，传递精湛技艺背后追求卓越的工匠精神，受到大众关注。在短视频和直播平台，一些非遗手艺人纷纷开设自媒体账号，通过展示个人作品、分享教学视频、讲解非遗知识等形式，拉近非遗与普通大众之间的距离，"圈粉"无数。近年来，影视剧制作对服装、道具、场景愈发考究。《延禧攻略》中的"绒花"、《天盛长歌》中的"蜀锦"、《长安十二时辰》中的"竹篾灯笼"、《清平乐》中的"汴京宋室风筝"等，这些传统手工渗透在影视剧细节之中，不仅营造了作品的历史质感，也让观众领略到传统文化之美。

活力涌动的"非遗+"现象说明，当代消费者对非遗技艺的青睐不仅因为相关产品的使用价值，更在于物质背后所蕴含的丰富历史内涵和独特文化标识。非遗工艺品传递出的生活美学和文化记忆，重燃了岁月，焕新了时光，在过去与当下的连接中传递传统文化的现实温度。尤其是在全球化视域下，凝结着中国人思想智慧、审美经验和情感认同的非遗技艺，能够让世界直观地了解中国历史、生动地理解中国文化。传承和发展非遗技艺，对于讲好中国故事、彰显中国审美旨趣、促进文明交流互鉴具有独特作用。

产业化活态化，激发非遗资源的当代活力

非遗技艺能够掀起热潮，既是非遗传承发展的成果体现，也启发我们进一步思考：面向未来，如何让非遗技艺更加适应现代环境，更加有机融入现代生活，让非遗价值得到更多元的实现？近年来，

在有关部门的推动下，非遗技艺调查记录体系、代表性传承人制度和理论研究体系等日渐完善，更为健全的保护传承生态正在逐步建立起来。

非遗技艺能够直接作用于经济社会发展，让非遗技艺接轨市场环境，让非遗工艺品延续商品属性，有利于保持非遗的内生动力。数据显示，我国七成以上的非遗项目保存在乡村，2021年在天猫平台成交过亿的14个非遗产业带，一半来自县域及以下地区。开发非遗市场，发展非遗产业，对于推动乡村振兴有着特殊贡献。如今，很多非遗从业者在保持原生技艺本真性的同时，开始有意识地开发非遗衍生产品和多元业态，通过打造非遗品牌，提高产品附加值，满足年轻用户时尚化、个性化、多样化的消费需求。据统计，2021年在网络平台购买非遗相关产品的人中，有40%以上是90后群体。与此同时，非遗营销推广、非遗创意研发、非遗IP授权应用、非遗数据资源服务等配套产业，都是现代非遗创新发展的有效支撑。

科技赋能是非遗传承发展的重要推动力量，互联网和数字化技术给现代非遗技艺带来更多可能。一方面，新媒体平台能够聚合非遗项目、非遗产品、非遗传承人、非遗消费者，进一步拓宽非遗保护、传承、发展和消费的空间。越来越多的非遗传承人开设了网上店铺，线上成为销售主要渠道；抖音平台的非遗主题视频数量过亿，覆盖了97.94%的国家级非遗名录项目，其发起的"非遗合伙人""看见手艺""非遗市集"等活动，让非遗技艺被更多人关注，促进了非遗市场的开发和相关消费的增长。另一方面，数字化技术带来非遗技艺的全新"玩法"。三维建模、5G直播、AI（人工智能）

合成、VR（虚拟现实）、AR（增强现实）等新兴技术的应用，充分挖掘非遗数字化潜力，为网络用户带来沉浸式、交互式的非遗体验。

此外，推动非遗纳入教育体系，是非遗可持续发展的重要保障。随着非遗技艺的生活化、大众化，以往仅在师徒之间口传心授的传承模式显得单一，社会力量尤其是教育界的力量在现代非遗的传承发展过程中扮演日益重要的角色。当前，不少学校将非遗引进校园、带进课堂，有的高校聘请非遗传承人担任特聘教授、成立非遗研究基地、开展非遗研培项目、开设非遗选修课程，有的中小学、幼儿园也将非遗技艺融入艺术课程和学前教育体系，让学生在青少幼不同阶段都能处于中华优秀传统文化的滋养之中。

如今，"见人见物见生活"理念已成为非遗传承发展的共识。实践表明，非遗不应只是静态的文化符号，更应是活态的文化"有机质"。让文化遗产"活"起来，让非遗技艺"潮"起来，坚持活态传承，非遗将在现实生活中结出累累硕果。

《人民日报》2022 年 4 月 12 日第 20 版

拓展阅读

非遗传承关键要吸引年轻人

刘晓燕

非遗是以非遗传承人为创造主体,以文化产品为表现形式的,应用于生活和审美艺术的统一整体,如中国活字印刷术、京剧、端午节等,均已列入联合国非物质文化遗产名录。经过多年的社会关注和公共讨论,在非遗保护中树立"见人见物见生活"的理念已经成为共识。

氛围大好,成绩有目共睹,但非遗传承后继乏人的严峻现状让我们有更强烈的紧迫感。口传心授是非遗传承的重要方式。但国家级非物质文化遗产代表性项目代表性传承人,大多年岁已高、后继乏人。传承人年龄断层,意味着非遗有失传的风险。因此,要鼓励和支持非遗传承人开展传习活动,大力培养青年传承人。

此外,加强非遗保护工作,还有必要摸清家底,更加细致地做好非遗普查工作,尤其对于急需抢救的重要非遗,要有重点、分阶段地实施以政府各级文化单位主导的保护工作。对于急需保护的非遗,我们应该抓紧时间做好保护抢救工作。

> **拓展阅读**

在保存方面，可以考虑用纪录片的方式进行抢救式记录。

非遗保护需要政府主导，非遗生长更需要群众土壤。非遗的保护不是目的，就长久来看，在保护的同时，需要思考如何让非遗活起来，如此才能让其真正具有生命力。让非遗生活化，首先要让更多的人对非遗有概念、有认识。非遗如何能有内生的延续力？最根本的就是与当下老百姓的生活紧密结合起来。广大群众是非遗的继承者，光靠少数的非遗传承人，始终影响有限，唯有人人都成为非遗的见证者、传承者和实践者，非遗才真正具有生命力。

就年龄层来说，非遗的传承，年轻人是关键。只有让年轻人了解、接受和喜欢，非遗才能经受住时间的考验，具有持久生命力。因此，非遗如何吸引年轻人，让年轻人了解并爱上非遗，应当成为当下工作的重点。

主流媒体应加大非遗传播力度，借力电视文化类节目的东风，推出一系列品质精良的以非遗为主题的节目，让年轻人认识和了解非遗。

善用新媒体，让非遗走进年轻人的生活。当前，互联网已成为年轻人重要的信息来源和社交沟通平台。针对青年群体，要充分利用各种新媒体形式，如短视频、VR、直播等，尊重年轻人的话语体系，制作出活泼新颖的新媒体产品，并

> **拓展阅读**
>
> 进行有效率的平台投放，让非遗引爆社交媒体。这方面，之前大获成功的文化类节目《国家宝藏》《如果国宝会说话》的成功经验值得认真总结和大力借鉴。
>
> 非遗具有一定的专业性和技术性，要鼓励非遗走进校园。相关院校可以邀请非遗传承人走进校园开讲，通过开设讲座、授课等多种灵活形式，在大学生群体中培养高层次的非遗人才，让非遗和科技相结合，迸发出新的活力。在产业方面，部分非遗可以转化成为文化产品和文化服务，通过文化创意产业拉动非遗的持久发展。让更多的年轻人了解非遗，让非遗真正走进年轻人的生活，只有当年轻人了解非遗、热爱非遗、传承非遗，非遗才能不断蓄势，爆发出更强劲的生命力。

08

焕发中华曲艺的当代魅力

籍 薇

习近平总书记在中国文联十一大、中国作协十大开幕式上指出："要重视发展民族化的艺术内容和形式，继承发扬民族民间文学艺术传统，拓展风格流派、形式样式，在世界文学艺术领域鲜明确立中国气派、中国风范。"作为一名从艺近50年的曲艺工作者、国家级非物质文化遗产梅花大鼓传承人，现场聆听重要讲话，我深感使命光荣、责任重大。

梅花大鼓又名梅花调，是一门生于民间、长于民间的传统曲艺，历经几代创作者千锤百炼，逐渐形成较为完整的唱腔体系和音乐程式。它擅长抒情，旋律徐缓，以腔取胜，以情动人，为观众所喜爱。无论是去农村、工地演出，为基层群众带去欢声笑语；还是进校园、社区推广传统艺术，辅导曲艺爱好者；抑或是参加全国曲艺传承人示范交流展演，我都能感受到曲艺深厚的群众基础。

人们喜爱曲艺，听其中的味儿，也琢磨其中的理儿。曲艺兼有审美、娱乐、教育、认知的功能，丰富人们的精神生活，也影响人们的精神世界。所以，曲艺人不仅是在表演和传承传统艺术，更要观照现实、反映现实，说新唱新，努力成为先进文化的践行者、社会风尚的引领者。

2020年大年三十晚上，在电视上看到医护人员逆向而行，奔赴抗击新冠肺炎疫情前线的画面，我哽咽了。都说曲艺是文艺轻骑兵，我作为曲艺老兵，虽然上不了前线，但也要尽己所能，用作品为白衣战士鼓劲。于是我迅速联系曲艺家崔琦、韩宝利老师，开始线上合力创作。年逾古稀的韩老师连夜谱曲，凌晨4点完成了第一稿。待音乐编辑将电声伴奏做好传来，我拉着女儿到拢音效果较好的卫生间里开始了排练。女儿一手举着手机放录音，一手拿着另一个手机录我的演唱，我一遍一遍地反复演唱，力求达到最好效果。整整录了9个小时，直到深夜才完成作品《天使颂》。以鼓曲形式讴歌医护人员的奉献精神，为抗疫宣传贡献一份力量，这一经历让我更深切地体会到曲艺接地气、抒胸臆、反应快的优势，体会到生活和人民是曲艺说新唱新的源头活水。

"创新是文艺的生命。"密切曲艺和人民群众的关系，不能仅仅靠吃老本，还要有创新意识和精品意识。观众的审美品位提升了，文艺产品的选择多元了，曲艺更不能松懈。有一次，北京广播电视台到天津录制一组曲艺节目，我拿到的是一段以三峡为题材的梅花鼓词《峡江图》。本来只用梅花大鼓的形式稍加变化即可，但我觉得这个作品气势磅礴，若是以交响乐作为伴奏，更能唱出祖国山河巍峨雄壮的气势。于是，我先创腔，后邀请作曲家帮助配器，一起打磨了很长时间。等到电视台录像的那一天，音乐响起，号子声传来，船行江上，山水恢宏、云雾缭绕的意境一下子就出来了，与鼓曲演唱相得益彰。那一刻我知道：一切都值了！

2014年，梅花大鼓被列入第四批国家级非物质文化遗产代表性项目名录。我作为传承人，肩上的担子更重了。如何做好活态保护，把自己所学更好地传承下去；如何发展各种表演手段，把曲艺推向一个新高度，这些都是需要思考的课题。传承传统艺术，不仅要有新一代演员、创作者，还要有新一代观众，只有这样，才能保证传统艺术永远活跃在舞台上。现在，艺术院校在培养演员、伴奏员、词曲作者、理论研究人员方面已初具规模，培养观众则需要各方共同努力，任重道远。

还记得1984年，中国说唱艺术团赴国外演出，那时候我才20多岁，是团里年龄最小的演员。有一天，我们在能够容纳三四千人的场地演出。第一次站在国外舞台，面对这么多外国观众，我的忐忑可想而知。担任领队的相声表演艺术家侯宝林看出了我的心思，在我快上台的时候，他拍拍我的肩膀，说："孩子，别害怕！"我站到舞台上，刚开始表演就听到雷鸣般的掌声，这让我立刻放松下来，全身心投入演出。那一次，我深刻认识到，民族的就是世界的，中华民族的璀璨艺术在遥远的异国他乡也不缺少掌声和喝彩。

这么多年走在传承梅花大鼓的艺术道路上，我丝毫没有动摇过。

曲艺的芬芳带着泥土味，曲艺的光彩折射现实人生。这门艺术积淀着中华文化的宝贵传统，我愿意守护它、传承它、发展它，潜心创作、锐意创新，努力拿出更多表现人民群众、反映时代风貌、弘扬中国精神的精品佳作。

《人民日报》2022年6月4日第20版

> 拓展阅读

说唱文艺研究与非遗保护传承

苗怀明

2020年12月21日,文化和旅游部公布了第五批国家级非物质文化遗产代表性项目名录推荐项目名单。这一批新列入198个项目,其中曲艺类入选的有蔡家洼五音大鼓、屯留道情、陵川钢板书、苏北大鼓等18项。此前国务院已于2006年、2008年、2011年、2014年公布了四批国家级非物质文化遗产名录,加上这一次,共五批1570项,其中曲艺类共145项,占到近十分之一的比例。

对说唱文艺研究来说,这些都是重大利好消息,对曲艺学的学科建设将具有深远影响,不仅推动整个学科的良性发展,而且决定研究的未来走向。要说清这个问题,先要回顾一下说唱文艺的发展历程及此前的研究情况。

在中国古代,尽管同样为主流社会和正统文化所排斥和歧视,但相比之下,说唱文艺的社会文化地位比小说、戏曲的地位更为低下,在其发展演进的过程中充满更多坎坷和艰难。这表现在,它不仅没有产生像《西厢记》《牡丹亭》《三

> **拓展阅读**
>
> 国演义》《红楼梦》这样具有典范意义且影响深远的优秀作品，而且没有得到像李贽、冯梦龙、金圣叹、毛宗岗、张竹坡这样的开明文人的青睐，未能获得提升文化品位、精致典雅化的机会，一直保持着民间原生状态。也正因如此，说唱文艺文献散失的情况更为严重，其发展演进过程及相关作家、作品所留下的空白点也更多。
>
> 进入20世纪，受时代学术文化思潮的影响，在王国维、胡适、鲁迅等先驱者的提倡、推动和示范下，通俗文学被纳入中国现代学术的范畴，得到学界的认可和重视。但就受重视程度及所取得的实绩来说，还远不能与小说、戏曲相比，起点不如小说、戏曲之高，而且缺少像《宋元戏曲史》《中国小说史略》这样具有典范性、能够影响数代人的学术力作。
>
> 更为尴尬的是，小说、戏曲研究如今都已成为独立的研究领域，而说唱文艺似乎还没有自己的独立地位和确定位置，经常作为小说、戏曲研究的附庸而存在，通常只是在与小说、戏曲发生某种联系时，才受到较多重视。
>
> 这种状况直到进入21世纪后，随着中国乃至全球社会文化语境的深刻变化，说唱文艺的发展及其相关研究才出现重要转机，呈现出新的生机与活力。之所以这样说，是因为以全球范围内的非物质文化遗产传承与保护为契机，包括说唱

> **拓展阅读**

文艺在内的中国通俗文学创作与研究的生态环境发生了很大改变，由此带来了说唱文艺文献搜集、整理与研究的新改变。

一是在观念上，人们已不再将以说唱文艺为代表的通俗文学仅仅作为中国本土的民间文艺来看待，而是把它提高到全人类共同文化遗产的高度进行保护和研究。这种观念并不局限于某一个国家和地区，而是全人类的共识。如此之高的重视程度可以说是前所未有，对说唱文艺在内的通俗文学的发展具有十分深远的影响。

二是在制度上，无论是联合国还是各个国家和地区，大都将非物质文化遗产保护和传承作为一项基本的文化制度加以落实和执行。就中国而言，保护非物质文化遗产已成为国家的一项基本文化政策，并从法律制定、机构设置等方面予以落实。其具体进程如下。

1997年，联合国教科文组织第29届大会通过了关于设立《人类口头与非物质遗产作品录》的决议。

2003年10月17日，联合国教科文组织通过《保护非物质文化遗产公约》。

2004年8月28日，全国人大常委会批准通过《保护非物质文化遗产公约》。

2009年3月4日，国务院批准在文化部设立非物质文化

> **拓展阅读**

遗产司。

2011年2月25日，中华人民共和国第十一届全国人民代表大会常务委员会第十九次会议通过《中华人民共和国非物质文化遗产法》，自2011年6月1日起施行。

在此背景下，说唱文艺作为非物质文化遗产的重要组成部分受到全社会重视。这对相关研究来说，一方面可以得到制度、人力、资金及物质条件的保障，另一方面也吸引越来越多的优秀人才加入进来，呈现出良性发展的态势。

与先前的各个时期相比，受非物质文化遗产保护与传承政策的推动，进入21世纪之后的说唱文艺研究具有以下几个特点。

一是说唱文艺的研究受到普遍重视。这表现在不少高等院校或科研机构相继成立非物质文化遗产研究所或非物质文化遗产研究中心之类的研究机构，如中山大学中国非物质文化遗产研究中心、南京大学文化与自然遗产研究所、复旦大学文化遗产研究中心、浙江大学非物质文化遗产研究中心、武汉大学非物质文化遗产研究中心等，南京艺术学院还成立了非物质文化遗产学院。这些研究机构投入较多的人力、物力对包括说唱文艺在内的非物质文化遗产进行专门研究，取得了不少重要成果。

> **拓展阅读**

此外，中国文联、中国曲艺家协会联合主办的中国曲艺牡丹奖从2004年开始，设立理论奖，专门奖励在报刊上发表的曲艺研究论文和正式出版的曲艺学术专著，这对相关研究无疑也是一种积极推动。

二是研究力量大为加强，特别是许多年轻学人的加入，使说唱文艺研究呈现出前所未有的活力。这表现在，有关说唱文艺的硕士、博士论文题目在数量上有着非常明显的增长，这标志着年轻学人正迅速成为说唱文艺研究的主力军。

一些说唱文艺方面的博士学位论文，如鲍震培的《清代女作家弹词小说论稿》、崔蕴华的《书斋与书坊之间——清代子弟书研究》、盛志梅的《清代弹词研究》、周巍的《技艺与性别：晚清以来江南女弹词研究》、郭晓婷的《子弟书与清代旗人社会研究》、车振华的《清代说唱文学创作研究》等相继公开出版，体现着说唱文艺研究的新收获和新趋势。

尽管中国的研究生教育从20世纪80年代已开始，但在21世纪之前，以说唱文艺为题目的硕博论文不超过10篇，由此不难想象此前这一领域研究的冷清情况。之所以进入21世纪后说唱文艺成为硕博研究的热门题目，一方面因为学科内部发展的趋势，另一方面则得益于国家非物质文化遗产保护传承政策的影响与推动。

> **拓展阅读**

三是说唱文艺研究全方位展开。这表现在说唱文艺的各个门类皆受到一定程度的关注,并出现相关的研究著述。此前的研究主要集中在鼓词、弹词、子弟书等少数几个曲种上,其他曲种则关注甚少,进入21世纪后,各个曲种皆得到不同程度的重视,特别是宝卷、木鱼书等更是取得较大进展。以往关注的重点往往在年代较早的一些作品上,如《再生缘》《天雨花》等,而进入21世纪后,则对晚清及民国时期的说唱文艺作品给予较多关注,对这些作品从音乐、演出、文化等诸多方面皆予以考察。

就研究的方法而言,也呈现出丰富多元的态势,其中既有对中国古代说唱文艺文献诸问题,包括作者、版本、目录、源流等进行的梳理、辨析,也有以田野调查的方式对现存说唱文艺文献进行的搜集、整理与研究。说唱文艺本身就是一门活着的艺术,是民间文化生活的重要组成部分,因此获取文献的途径除了对各类藏书机构典籍的爬梳外,还需要深入实地进行田野调查,两种方式形成互补,相辅相成。

总的来看,受国家非物质文化遗产保护传承政策的影响和推动,说唱文艺研究呈现全新的景象,逐渐成为一个新的学科增长点,这种新既体现在学术理念上,也体现在研究方法上。随着人力、物力投入的增加,相关研究呈现出红火景

> **拓展阅读**
>
> 象，与此前各个时期相比，近20年间所出版的说唱文艺研究著作不仅在数量上有着明显的增长，而且所涉及的范围也相当广泛，在此基础上，有的研究者从学科建设的角度提出曲艺学的概念，彰显说唱文艺的学术文化地位。可以说，当下的说唱文艺研究无论是从硬件上看，还是从软件上看，都是境况最好的一个时期，可以期待这一领域的研究将会取得更多更好的成果。

09

挖掘和发挥传统农事节气文化的重要价值

隋　斌

习近平总书记指出:"我国农耕文明源远流长、博大精深,是中华优秀传统文化的根。"传统农事节气是我国农耕文明的重要组成部分,具有科学的内涵和丰富的文化价值。全面推进乡村振兴,可以充分挖掘和发挥传统农事节气文化的重要价值,使其成为实现乡村振兴的重要助力。

传统农事节气蕴含着科学的农业知识,对于推进生产、生活、生态协调发展具有重要作用,为人们按照农时安排农业生产活动和日常生活提供了科学指导。依照节气加工制作的农副产品,不仅丰富了人们的日常用品供给,而且能有效带动农业产业发展,赋予农副产品更高品质和更高经济价值,促进农民生活水平提高。如一些地方在白露时节酿酒,在清明、谷雨来临时制作明前茶、雨前茶等,有效提高了相关产品的附加价值,促进了农民增收。节气文化活动也反映了劳动人民的生活理想与审美情趣,蕴含着孝老爱亲、睦邻友群、崇敬先民、爱国爱乡等中华传统美德,既可以调适农业生产与乡村生活节奏、丰富乡村文化生活,也可以为我们正确处理个人与家庭、社会、国家的关系,促进农村生产发展和乡风文明、推进农村精神文明建设提供有益滋养。

近年来,我国加大了对传统农事节气文化的保护和传承,积极推动传统农事节气文化创造性转化、创新性发展。目前,我国已有国家级节气类非遗项目约50项,省级约90项,市级约110项,还有很多未被列入非遗名录的节气习俗在乡村广泛流传。值得一提的是,在各有关方面的共同努力下,中国人民耳熟能详的二十四节气被国务院列为首批国家级非物质文化遗产,被联合国教科文组织列为人类非物质文化遗产,并成立了保护传承联盟,其保护和传承呈现出工作机制完善、内容形式多样、参与主体多元的特点。我国在农历秋分日设立的"中国农民丰收节",成为亿万农民庆祝丰收、享受丰收的盛大节日,增强了全国人民的文化自信和民族自豪感。在脱贫攻坚中,一些地方推出了"节气+扶贫"模式,根据二十四节气组织不同主题的帮扶活动,不仅促进节气文化的活态传承,而且助力农民走上脱贫致富之路,实现文化保护与经济建设"双丰收"。还有一些地方推动传统农事节气文化与地域特色紧密结合,形成具有乡土特色的节气文化,绘就一幅幅现代版"富春山居图"。如江西婺源篁岭古村的立秋"晒秋"、浙江三门杨家村的冬至"祭冬"等,均已成为保护传承传统农事节气文化和"一村一景、一村一品、一村一韵"美丽乡村建设的范例,有力促进当地经济发展和农民增收。

习近平总书记指出:"实施乡村振兴战略,是我们党'三农'工作一系列方针政策的继承和发展,是亿万农民的殷切期盼。"全面推进乡村振兴,可以大力挖掘传统农事节气文化遗产,推动其进一步实现创造性转化、创新性发展,促进农业高质高效、农民富裕富足、乡风文明进步。一是合理利用节气文化资源,举办形式多样的节气文化旅游活动,发挥农业多种功能作用,延长产业链、提升价值链,培育农业品牌,推动农村文旅产业融合发展。二是传承节气文化生态智慧,通过发展观光农业、推出主题活动等方式,将节气时间与乡村空间相融合,引导人们亲近乡村、回归自然,持续推动乡村生态文明建设。三是弘扬节气文化传统,创作节气文化作品,创新节气文化表达方式,吸引和造就一批乡土文化人才;推动节气文化更多融入中小学课程体系,鼓励举办节气文化体验活动,促进代际传承;采取有效措施,在乡村公共文化空间更多地开辟节气文化展示场所,保护传承富有地方特色的节气文化,焕发乡风文明新气象。四是发挥节气文化道德教化功能,将二十四节气蕴含的勤于劳作、尊老爱幼等传统美德与践行社会主义核心价值观相结合,推动新时代文明实践,推动新时代农村精神文明建设,提升乡村德治水平。

《人民日报》2022年6月22日第8版

> 拓展阅读

每个节气日都是一堂自然和文化课

刘 宁

2022年4月20日是二十四节气第六个节气、春季最后一个节气谷雨，很明显能够感觉到气温的增高和雨水的增多。这一天，有的地方喝谷雨茶、有的地方赏牡丹、有的地方则遵循"雨生百谷"的农事指导开始"春种一粒粟"。

"春雨惊春清谷天，夏满芒夏暑相连，秋处露秋寒霜降，冬雪雪冬小大寒。"朗朗上口的二十四节气歌至今仍在广泛传颂，其中蕴藏的中国智慧也在潜移默化地滋润着一代代中国人。随着我国经济社会的高速发展，作为中华文明重要组成部分的二十四节气依然具有特殊价值。每个节气日都有其自然和文化内涵，都是一堂生动的自然和文化课。

四时八节到二十四节气，蕴藏中国智慧

二十四节气，始于立春，终于大寒，它是上古农耕文明的产物，也是我国劳动人民的智慧结晶。

先民们通过观察天体运行，认知一岁中时令、气候、物

> **拓展阅读**

候的变化，总结其变化规律，有序组织农事生产，合理安排日常生活。早在先秦时期，先民们已经先后确定"二至"（日影最长的冬至、日影最短的夏至）、"二分"（春分、秋分），初步形成四季概念，并在此基础上细化出"四立"（立春、立夏、立秋、立冬），确定了二十四节气主干——"四时八节"。至秦汉时期，《淮南子·天文训》已完整记载二十四节气，其名称与顺序沿用至今。

随着互联网技术的发展，电子日历已成为各类手机的基础工具，人们看日期、识节气更加便捷，不必观太阳东升西落，也不用看月亮阴晴圆缺，甚至不用特意查询手机就有自动提示。久而久之，却忽略了二十四节气中蕴藏的生产生活常识。例如，最基本的二十四节气是阴历还是阳历？每个节气名称表达了什么又预示着什么？

我国当前通用的历法是一种阴阳合历，其中阳历（也叫太阳历）依据的是太阳运行规律，能够直观反映四季变化；阴历（也叫太阴历）则是根据月相的变化周期制定，反映的是月亮的阴晴圆缺。阳历与阴历配合使用就是阴阳合历。二十四节气便是阳历算法，反映的是四季变化。至于二十四节气的命名与排序，留心观察，其中大有学问。一方面，节气命名反映季节、气温、降水甚至物候等变化，是人们生产

> **拓展阅读**

生活的行动指南。例如，立春、立夏、立秋、立冬、春分、秋分、夏至、冬至反映四季的不同阶段；小暑、大暑、处暑、小寒、大寒反映气温之变；雨水、谷雨、白露、寒露、霜降、小雪、大雪反映降水量的多少；惊蛰、清明、小满、芒种则反映动植物、庄稼等随节候发生的变化。另一方面，节气命名反映出中国传统思想文化中自然哲学的辩证思想，是中国哲学的生动实践。例如，"二至"中的"至"意为极，反映的是太阳直射点运行至回归线，正午太阳高度和白昼时间达到极值开始转折的自然现象，实质上正是物极必反辩证思想的体现；而"二分"是昼夜平分线，之后昼短夜长变为昼长夜短，或昼长夜短变为昼短夜长，反映的是阴阳交替。

二十四节气里蕴藏着丰富的中国智慧，这也正是其得以延续并需要继续传承的原因所在。

节气与节日民俗共存，彰显时代价值

2006年，二十四节气入选第一批国家级非物质文化遗产名录，九华立春祭、石阡说春、班春劝农、三门祭冬、苗族赶秋、壮族霜降节、安仁赶分社、半山立夏、送大暑船、梅源芒种开犁节、内乡打春牛习俗共11个项目也先后列入国家级非物质文化遗产"二十四节气"扩展项目名录；2016

> **拓展阅读**

年,"二十四节气——中国人通过观察太阳周年运动而形成的时间知识体系及其实践"被联合国教科文组织列为人类非物质文化遗产,二十四节气不断焕发着新的光彩。

在我国北方很多地方,至今流传着"冬至到,家家户户吃水饺""不吃饺子冻耳朵"的说法;春分日,不少人沿袭"春分到,蛋儿俏"的习俗,挑战"竖鸡蛋"的游戏;清明节,扫墓祭祖与踏青郊游是传承至今的两大礼俗主题。节气与节日、民俗等共存,保持着紧密联系。从某种程度上说,冬至等节气已经有了节日的内涵,承载着不同地域的习俗信仰、饮食风尚等,成为中国传统文化的重要组成部分,而苗族赶秋、壮族霜降节等已经成为重要节日。

节气与节日的碰撞,不仅丰富了节气的文化内涵,同时也有利于二十四节气的传播传承、深入人心,这为二十四节气彰显时代价值提供了新的思路。

2018年,第一个在国家层面专门为农民设立的节日——中国农民丰收节正式设立,时间定在每年的秋分日。"秋分秋分,昼夜平分。"秋分日既是昼夜平分的节点,也是"秋收万颗子"抢收抢种的丰收节点:"秋忙秋忙,绣女也要出闺房。白露早,寒露迟,秋分种麦正当时。"中国农民丰收节设立在秋分日,突出了二十四节气指导农业生产的属性,丰

> **拓展阅读**

富了秋分日的文化内涵，同时展现了中国自古以来以农为本的传统。

随着工业化、城镇化的发展，农业技术的进步，二十四节气指导农业实践的实用价值受到一定冲击，但其承载的中华传统科学知识、哲学认知、美学观念，尊重自然、保护自然、利用自然等天人合一思想，仍然具有重要的时代价值。尤其在推动乡村振兴的当下，二十四节气表达的顺天应时理念，仍是当代人需要从中汲取智慧的宝贵文化遗产。

挖掘节气文化内涵，讲好中国故事

2022年北京冬奥会开幕式上的二十四节气倒计时，以壁画般的精美图片和对应的中国古典诗词这样独特的艺术形式惊艳世界、感动国人，激起中国人内心深处的文化自信，让人们重新认识了二十四节气这一中华优秀传统文化，并对其重燃敬畏与兴趣。二十四节气倒计时借力世界盛会大舞台，一跃成为"中国式浪漫"的代名词之一，为其在世界范围内的"出圈"奠定基础。如何进一步挖掘节气文化内涵，传承好节气文化，并向世界讲好中国故事，我们任重道远。

一是要深入阐发节气文化精髓，加强保护与传承。二十四节气中蕴含着中华文化独一无二的理念、智慧、气

> **拓展阅读**

度、神韵，它是中国人民和中华民族内心深处的自信和自豪。相关机构和单位要通过研讨会等做好二十四节气文化内涵的阐发，并通过具体举措开展二十四节气相关文化遗存、文化活动等普查工作，推动节气文化的保护与传承。例如，二十四节气保护传承联盟围绕"二十四节气保护传承"主题，组织各单位、高校、机构等开展的交流讨论等，为节气文化的保护与传承奠定了理论基础。

二是要面向青少年做好教育普及。围绕立德树人根本任务，把节气文化全方位融入思想道德教育、文化知识教育、艺术体育教育、社会实践教育各环节，贯穿于启蒙教育、基础教育各领域。通过创作系列绘本、童谣、儿歌、动画等推动节气文化进课堂、进校园，并结合多样的壁画、展览、艺术形式等使其有益的文化价值深度嵌入学生生活。例如，通过开设"顺天应时——二十四节气非遗沉浸式数字艺术展"网上展厅，为广大学子提供了一个沉浸式体验节气文化的艺术空间，具有重要的借鉴意义。

三是通过开展文艺创作、文创开发等讲好中国故事。正如创新使用二十四节气倒计时那样，相关文艺工作者要善于从中华文化资源宝库中提炼题材、获取灵感、汲取养分，推出惊艳的艺术作品，向世界展现中国气派、中国风

> **拓展阅读**

范。此外,节气文化具有孕育文创产品的独特价值,值得开拓发展。例如,有关二十四节气的文创作品设计大赛推出的《二十四节气时尚剪纸》《灶说二十四节气系列插画》《二十四节气濒危动物系列——渡》等文创作品,让人眼前一亮。当前,随着多媒体传播矩阵的发展,节气文化相关的文艺精品、文创作品能够通过短视频、直播等平台迅速传播至海外,同样成为讲好中国故事的好声音。

10

充分发挥传统艺术的美育功能

龙开胜

习近平总书记在党的二十大报告中指出:"以社会主义核心价值观为引领,发展社会主义先进文化,弘扬革命文化,传承中华优秀传统文化。"中国传统艺术是中华文化的瑰宝,书法、绘画、园林、建筑、戏曲等都是其中的典型代表。在中华文明赓续传承的历史长河中,传统艺术浸润涵养了一代又一代中国人。今天,充分开掘传统艺术宝库,发挥传统艺术的美育功能,对于弘扬中华美学精神、构筑当代人的精神家园、增强文化自信具有重要意义。

深入开掘传统艺术的丰富矿藏和深厚内涵

中国传统艺术植根于中华文化的丰厚土壤,既是中华文化的历史结晶,也是世界优秀文化的重要组成。北京故宫浑厚庄重的气派与天人合一的设计理念相得益彰；苏州园林"巧于因借，精在体宜"，让人身居其间"思与景谐，神与物游"。两处世界遗产都体现了中国传统建筑艺术的智慧和光彩。中国传统建筑艺术重视人和自然之间的联系，主张顺应自然、物我浑一，在建筑语言上讲求虚实结合、点线丰富，以其形式之美、技艺之美、意蕴之美，为世代中国人的生活增添了艺术色彩。

在世界非物质文化遗产中，中国传统艺术更是种类多样，特色鲜明。以历史悠久的中国书法为例，它通过篆、隶、楷、行、草等不同形态的书体，通过点线变化、字形组合、章法布白，展现神采气韵和节奏律动，显示出无穷的艺术魅力。书法融会汉字之美、书者情感和中华美学精神，成为活在当下的文化遗产。

中国戏曲与希腊的悲喜剧、印度的梵剧并称为世界三大古戏剧。今天，中国戏曲历经千余年仍然活跃在舞台上，一直滋养着中国人的精神世界。长久以来，中国戏曲通过"形于美""动于情""达于礼""致于和"来实现其社会功能。许多经典剧目在主题意蕴上弘扬正气、褒奖忠义、鞭挞丑恶，让观众通过戏曲观照现实生活中的忠与奸、美与丑、善与恶，从而明辨是非、通情达理。

可以说，中国传统艺术凝结着历代人民群众的智慧与心血，是对现实生活体验和认知的凝练升华；蕴含着内涵丰富的人文精神，是中华民族精神家园的重要构成。这就要求我们深入开掘传统艺术的丰富矿藏和深厚内涵，不仅要看到传统艺术的艺术价值，也要看到其文化价值和历史价值，看到传统艺术背后的思想观念、人文精神、道德规范，让传统艺术成为涵养当代中国人心灵的重要源泉。

以传统艺术为载体,传承弘扬中华美学精神

中国传统艺术与中华美学同源共生,为中华美学注入了生生不息的活力,也是今天我们传承弘扬中华美学精神的重要载体。

中华美学讲求托物言志、寓理于情,这也是中国传统艺术的追求之一。世人熟知的黄公望《富春山居图》,近树沉雄,远树含烟,江面辽远开阔,渔人垂钓闲静,处处透露出崇尚自然、宁静淡泊之精神。苏轼《木石图》以简洁的一株枯树、一块怪石,画出大自然的顽强生命力,尤其是石上数枝焦墨竹叶的点缀,表现出傲然挺立的风骨。

中华美学讲求形神兼备、意境深远,中国传统艺术亦"妙在似与不似之间"。王国维的"境界说"是对中华美学精神和艺术精神的一种精当概括。立象以尽意,既是传统艺术评判的重要标准,也是古代艺术家们追求的至高境界。例如,京剧中表现骑马的程式"趟马",不是牵一匹马到舞台上来,而是用马鞭来代替马,再配合圆场、翻身、卧鱼、砍身等技巧做出打马或勒马等动作,生动形象地表现出骑马疾驰的状态。

我们的先人没有把传统艺术仅仅视为茶余饭后的消遣,而是作为一种高层次的精神需要。中国传统艺术以礼乐相济的原则、融合互通的精神、注重神韵的技法,形成了自己独特的传统,也为中华美学注入独特内涵。无论是中国书法字里行间的不事浮华、人书合一,还是中国水墨画的沉稳古雅、飘逸蕴藉,都体现着中华美学精神对于至真、至善、至美的追求。传承传统艺术,也要从中华美学中汲取营养,以审美方式传播和彰显真善美的价值追求。

结合时代条件，拓展传统艺术的美育价值

人类文化总是在历史的传承中实现积淀与拓展。传承是弘扬的基础，我们有责任传承好千百年来积淀的艺术传统，保存好绵延不绝、生生不息的文化密码。与此同时，新的时代背景下，也需要吸收传统文化中的深厚养分，融入新的文化肌体。这就需要我们面向当代社会，充分挖掘和发挥传统艺术的美育功能。

用当代眼光打造中国传统艺术的时代精品。如今，人民群众对传统文化的热情持续升温，传统艺术也需要进行当代表达。早在1986年，国家文物局就曾特批用出土的曾侯乙编钟、编磬原件演奏，录制成《千古绝响》和《欢乐颂》两张唱片，让沉睡了2000多年的古乐重器重放异彩。近年来，传统文化的创造性转化、创新性发展更是异彩纷呈。上海世博会场馆、北京APEC会议场馆等，都呈现出建筑艺术取径传统、再造传统的趋势。浙江美术馆白墙黛瓦、坡顶穿插，以其江南水墨画般的风韵成为"中国风"建筑的典型之一。戏曲文化创新节目《最美中国戏》以沉浸式研戏、赏戏的方式，让观众在实景和妙趣的"穿越"中亲近经典戏曲剧目，感悟戏曲中的人义精神与传统美学。通过传统艺术的流行表达，将中华文化丰富矿藏转化为富有教育意义和审美意蕴的美育精品，意义深远。

注重用传统艺术为青少年成长奠定基础。当前的学校教育，已经将中国传统艺术纳入艺术课程课堂教学和课外艺术活动中。我们应该持续加大力度，注重"整体联动、润物无声"，重视传承质量，打造一批精品校本课程和传统艺术项目，引导青少年全方位认识中国优秀传统艺术，吸引更多年轻人在台前幕后发挥传承热情，在体

验实践、学习传承中提升审美素养，潜移默化地提升青年一代的品位和胸襟，更好地培根铸魂、温润心灵。

注重中国传统艺术与现代科技的融合创新。2022年上半年，曾经被京剧、越剧、粤剧等多个剧种演绎的《白蛇传》，被拍成4K全景声粤剧电影《白蛇传·情》，在传统艺术与电影语言的跨界融合中，以超高清视频技术再现传统经典。类似这样的探索还有很多。我们要主动适应当代人的信息接受方式、审美认知方式，不断丰富提炼传统艺术"标识"和"精髓"的方式方法，提升传统艺术传播的灵活性和实效性。

文化的力量是无穷的，传承着历史，关系着未来。中国传统艺术作为不曾中断过的中华文明集大成者，以其对真、善、美的独特追求润心育人、固本培元，已经深深地熔铸在我们的历史与实践中。新征程上，我们要担负新的文化使命，发挥传统艺术的美育功能，更好构筑中国精神、中国价值、中国力量，铸就中华文化新辉煌。

《人民日报》2022年12月9日第20版

> 拓展阅读

共建共享文化之美

吕 帆

文化遗产是赓续中华文脉、传承华夏文明的重要载体。党的十八大以来，以习近平同志为核心的党中央高度重视文化遗产的保护传承，作出一系列重大部署，推出一系列务实举措，推动文化遗产实现创造性转化、创新性发展，在新时代"活起来、亮起来、传起来"。

让文化遗产资源"活起来"，理念共识是核心。我国是举世公认的文明古国，是世界遗产大国和现任世界遗产委员会委员国。截至2021年底，全国共有国有可移动文物1.08亿件（套），不可移动文物76.7万处，全国重点文物保护单位5058处，备案博物馆6183家；国家珍贵古籍名录13026部，全国古籍重点保护单位203家；世界遗产56项，位列世界第二。传承发扬如此丰厚的遗产资源，需要全社会形成"敬畏历史、敬畏文化、敬畏生态"的大格局观，凝聚共识、主动作为。

党的十八大以来，从中央顶层设计到各地文化遗产保

> **拓展阅读**

护利用规划、从宏观的城市规划到具体文物的保护传承，全力当好中华文明薪火传人的理念深入人心。尤为重要的是，文化遗产的发掘保护并未停留在文件与理念上，在此进程中，一大批文化遗产获得抢救性保护，源远流长的华夏文明得到世人关注。以申遗为例，泰山申遗成功，改写了世界遗产的历史，在文化遗产、自然遗产的基础上增加了第三类世界遗产——文化和自然遗产；良渚遗址申遗成功，不仅创造出一片如公园般秀丽的考古遗址，更实证了中华五千多年的文明史。

让文化遗产资源"亮起来"，科技赋能是创新性发展的重要途径。数字化、影像化等技术手段的加持，对活化利用文化遗产的重要性已无须多言。近年来，大众媒体纷纷以文化资源入题，通过先进技术带领观众"古今穿越"，《典籍里的中国》《中国考古大会》等文化节目聚焦传统典籍、考古遗址、中华国宝、节日文化等主题，以昂扬的文化自信、贴近大众的传播语态，在广大观众心中唤醒了"文化之根"。在数字化应用方面，敦煌遗书数据库极具代表性，通过现代数字处理技术，重新汇集起分散在全球各地的敦煌遗书资源。敦煌文物以数字化形式回归华夏大地，又以数据共享的方式开放给全世界的敦煌学爱好者。

> **拓展阅读**

除了数字化建设，近年来，大数据、人工智能、线上交互场景的新颖应用，也为文化遗产插上了新时代的翅膀：游戏技术和文旅产品结合、数字场景模拟与还原、沉浸式云游观展等新工具、新体验，实现了让文物"自己说话"。"云游长城"小程序通过游戏技术打造出一座"数字长城"；2022年7月22日，国家博物馆迎来了新员工——虚拟数智人"艾雯雯"。文化遗产保护与元宇宙的结合已引发无限畅想，数字文保"科技＋文化"也开启了更多可能性，这或将成为文化遗产保护与传承的一条重要发展之路。

让文化遗产资源"传起来"，年轻群体是关键。文化遗产要真正建构蓬勃向上的生态，就要与当下生活和年轻群体产生广泛交集。唯有融入时代、融入生活，文化遗产才能焕发新的光彩。因此，文化遗产的保护和传承，不能是单向地传达信息，而要激发年轻人主动融入、积极分享的意愿。信息碎片化、娱乐快餐化和青年亚文化圈层化的当下，对文化遗产传承工作提出了更高的要求。

可喜的是，近年来，随着年轻人群体文化自信与家国认同感的提升，国风创意的视频、青春语态的分享、跨界融合的创意产品频频"破圈"。相关数据显示，在年轻人群体聚集的视频社交平台，1557个国家级非遗项目中，已有超过

> **拓展阅读**

1320项通过创意视频在"Z世代"(1995—2009年出生的人群)中分享传播。

　　文化遗产不仅生动诉说着过去,也深刻影响着当下和未来。迈入新时代,我们要深刻认识我国文化遗产保护传承面临的新形势,让散布于锦绣大地的文化遗产进一步"活起来、亮起来、传起来",让大众得以共享文化之美,为坚定文化自信提供有力支撑,为推动文明交流互鉴作出更大贡献。

11

保护好、传承好、利用好非物质文化遗产

刘魁立

2022年11月29日，我国申报的"中国传统制茶技艺及其相关习俗"成功通过评审，列入联合国教科文组织人类非物质文化遗产代表作名录。至此，我国共有43个非遗项目列入该名录，总数居世界第一位。

非物质文化遗产是中华优秀传统文化的重要组成部分，是中华文明绵延传承的生动见证，是联结民族情感、维系国家统一的重要基础。保护好、传承好、利用好非物质文化遗产，对于繁荣发展文化事业和文化产业、深化文明交流互鉴、推进文化自信自强具有重要意义。

新时代以来，非遗保护的蓬勃开展，使中华优秀传统文化在当

代生活中得到很好的赓续。非遗保护传承在促进人与自然和谐相处、构建和谐社会、推动精神文明建设、提高人民健康水平等诸多方面，发挥了良好作用，取得了可喜成效。

非遗保护传承的进程，始终响彻着作为历史创造者的人民的颂歌。近年来，执着专注、精益求精、一丝不苟、追求卓越的工匠精神受到普遍赞扬、得到广泛发扬。一大批各门类非遗代表性传承人以及各地广大传承人群，组成了保护传承大军，充分展现非遗的当代价值，大力推动非遗在当代生活中的创造性转化和创新性发展。

目前，非遗工作已初步形成社会广泛参与、人人保护传承的生动局面。非遗保护传承成为当代社会生活、文化实践、文化建设的一大亮点，保护活动在各地蓬勃开展。几乎每项非遗的申报都会引起普遍关注，如我国的"二十四节气"项目列入人类非物质文化遗产代表作名录之际，群众欢欣鼓舞，传唱节气歌。文化和旅游部规划和实施了非遗记录工程、中国传统工艺振兴计划、中国非遗传承人研培计划、曲艺传承发展计划等一系列举措，培训传承人超过10万人次。全国还设立了23个国家级文化生态保护区。我国非物质文化遗产保护体系日益完善，制度健全，保护观念深入人心，保护水平不断提升。

非遗作为重要的文化基因，深深融入了我国各族人民的生活，也是我们情感交融彼此认同的源泉。例如，每逢佳节倍思亲，民族传统节日以及重要庆典活动，形成了热爱生活、热爱集体、热爱家乡、热爱祖国的强大精神力量。非遗在繁荣市场经济、促进文旅融合、助力脱贫攻坚和乡村振兴等方面，也发挥了很大作用。在边远山区，在民族村寨，很多地方以"合作社＋农户"的方式组织群众，通过制作民族特色的手工艺品脱贫致富。非遗的展览展示，成为旅游的新亮点和重要内容。这些活动传播了非遗文化，增加了居民收入，更增强了群众的文化自信。

非遗既是中华优秀传统文化的组成部分，同时也具有全人类意义，代表着我们中华民族对人类文明作出的独特贡献。每一个国家每一个族群的文化，共同构成了人类文明的丰富性、多样性。正如联合国《保护和促进文化表现形式多样性公约》所指出的：文化多样性是人类社会的一项基本特性，它使人类有了更多的选择，得以提高自己的能力和形成价值观，并因此成为各社区、各民族、各国可持续发展的一股主要推动力。我国43个成功申遗的项目中，包括我们和友邻国家联合申报的项目，这是非遗在世界范围促进文明交流互鉴的极好佐证。在国际交往中，常常互赠礼品，以表达美好祝愿和深厚友情。我国的传统手工技艺品类繁多，手艺高超。陶瓷、雕漆、景泰蓝、苏绣、湘绣等非遗工艺品，长期以来一直被作为"国礼"，彰显了我国非遗的深厚底蕴和保护传承的显著成就。

非物质文化遗产已成为当代生活方式的有机组成部分，让我们体验着更具美感的日常。纺染织绣装点着我们的衣着服饰；丰富多彩的烹饪技艺带来了舌尖上的幸福滋味；各种表演艺术展示着我们卓越的才艺技能，显示着生活的五彩缤纷……这些文化成果惠及全社会，非遗的创造者同时也成为非遗的享用者。蓬勃开展的非遗保护传承实践，铺展开一幅生动的时代画卷。

《人民日报》2022年12月17日第8版

拓展阅读

一碗面里的传承与创新

王永法

一碗面能有什么门道？作为流传于河南安阳的地方面食，安阳挂面绵软筋道，深受当地人欢迎，跻身河南省非物质文化遗产名录。作为这项非物质文化遗产传承人，我下定决心要把挂面的手艺发扬光大，让它走向更广阔的天地。

开第一家饭馆的时候，纯手工制作、没有任何添加剂的挂面吸引了不少客人，生意红红火火。然而，"幸福的烦恼"也随之而来。为了保证面的口感，我们通常是来一位客人做一碗面，就算我在后厨拼尽全力，也总是供不应求，现场制作远远无法满足消费者的需求。只有破解了标准化生产的难题，才能让更多人吃上挂面。于是，对挂面进行二次研发提上了日程。

传统食品的规模化、标准化生产是个技术活，对我们来说并不容易。为了攻克这个难题，我们前后花了近3年时间，最终在高校科研人员的帮助下建成了3条试验性生产线。经过反复试错，手工挂面低温冷藏得以实现，所需要的

> **拓展阅读**

水和面粉比例精准配置，醒面、揉面、捞面等环节的时间精确到秒，成功保留了手工抻面的筋道口感。

不仅如此，我们还沿着抻面的生产链条，继续挖掘这道美食的发展潜力。一方面，我们从源头上进行质量把控，采取订单式农业种植加工的方式，订购生产抻面所需的无公害大葱、优质小麦等食材，保障优质的供货来源。另一方面，我们着力优化抻面的生产规范，在祖传抻面制作工艺的基础上，将其改进为清水和面、三饧三揉、分块擀片等8道工序，每一个环节都确保标准化、规范化。经过不懈努力，抻面被评为河南省非物质文化遗产，从地方小吃成为知名品牌。

促进乡村振兴，这碗面也在发挥着独特的作用。订单农业保证产品质量，也带动了更多农民增收致富。不仅如此，我们还在生产基地传授抻面制作技艺，让更多人可以靠手艺吃饭。事实证明，小小一碗面不仅可以传承历史味道、展现美食文化，而且能够融入现代生活、体现当代价值。给予系统性保护的同时，进行创新性发展，才能激活非物质文化遗产的生命力，让越来越多的人认识非遗、享受非遗、传承非遗。

新征程是充满光荣和梦想的远征。于我而言，追逐梦

> **拓展阅读**

想的脚步永不停止,擦亮金字招牌还要付出更大努力。眼下,我准备进一步扩大生产规模,把挏面的技艺传承好、发展好,为更多消费者带来可口的美食。我相信,只要坚持不懈,守正创新,这碗面一定能走上更大的舞台,赢得更多的认可。

非物质文化遗产的系统性保护与日常化传承

何 博

非物质文化遗产是传统文化的重要组成部分，是文化传统的载体，彰显着民间的集体记忆、生活智慧和礼俗信仰。非物质文化遗产的保护和传承关乎文化血脉赓续、文化战略全局和民族复兴伟业。海南始终坚持强化系统性保护，推动日常化传承，积极构建以黎族传统纺染织绣技艺为代表的非物质文化遗产工作新格局。

强化系统性保护

坚持整体性保护理念。海南坚持对非遗本身要素的整体性保护，如对黎锦所有原材料均来自大自然的原生特质的坚守，对图样、纹饰、色彩等元素，对纺、染、织、绣等工艺进行系统性保护。坚持对非遗赖以存在的自然环境和文化环境的综合性保护，坚持将非遗保护融入地方经济社会发展大局。实践证明，非遗保护越能融入地方经济社会发展大局，就越能实现地方经济社会发展对自身的反哺。

不断优化保护模式。我们看到抢救性保护在非遗保护中取得了重大成就，但非遗消失的速度依然值得警醒。应充分发挥生产性保护这一具有浓郁中国特色的非遗保护模式的功能和作用，同时注重预防过分产业化可能导致的碎片化及过度娱乐化问题，践行整体性保护理念，努力实现数字化技术与非遗文化内涵的深度融合，探索非遗数字化保护，同时注重保护文化权利、文化主权和文化安全。

完善保障体系建设。不断建立健全非遗保护法制体系与非遗名录体系，设立和建设非遗保护专门机构，加大非遗保护专项资金投入，在税收方面向有利于非遗保护的政策倾斜。

推动日常化传承

以回归日常生活为关键。非遗来自民间，日常生活才是非遗赖以存在和发展的沃土。非遗是实用的艺术与传统，只有参与日常生活实践才能在自主创新和自觉传承中获得持续生命力。使各具特色的非遗产品回归日常生活，契合现代社会人们对多样化的强烈渴望，有助于我们创造更加美好的生活。

以人才培养为中心。广大人民群众是日常生活的主人，是非遗的创造者，非遗传承应重视物的载体作用，也必须以人才培养为中心，培养不缺位、不越位的非遗传承专业管理队伍和专家队伍至关重要。海南充分尊重非遗传承人，不断提升其传承意识和传承实践能力，同时尊重相关从业人员的合理利益诉求。将非遗人才培养与日常教育相结合，从娃娃抓起，培养非遗传承源源不断的后备大军。

以提升人民生活福祉为目标。非遗传承是一项关系人民生活福祉的事业，以黎锦传承为例，其极大地保障与提升了广大从业黎族女性的家庭经济地位；黎锦的传承与发展也助力了海南精准扶贫和乡村振兴进程，不断提升广大人民群众的生活福祉。

开拓非遗工作新局面

非遗传承有利于提升民族文化自信、铸牢中华民族共同体意识。黎锦积淀着黎族人民历久弥新的智慧，在海南黎族聚居区，人人参与、人人保护、人人传承，积极保护与发展黎锦文化传统的生动局面逐步形成。自觉传承和自主创新让黎锦文化焕发磅礴生命力，黎族儿女对黎锦事业的美好明天信心坚定。同时，在黎锦传承中，黎族同胞也不断铸牢中华民族共同体意识，在中华民族共同体发展进程中不断增强自身责任和使命担当意识。

非遗传承推动交流互鉴。黎锦传承不断推动着黎族不同方言区黎锦技艺的相互学习促进，以黎锦为媒介的文化交往、交流也生动地诉说着文化交融的故事；在同世界非遗文化的沟通与碰撞中，黎锦正成为世界范围内民心相知相通、文明交流互鉴的重要纽带与桥梁。

《光明日报》2021 年 3 月 31 日第 8 版

拓展阅读

非遗保护不妨多些"围炉煮茶"的别致

李思辉

2022年11月29日,我国申报的"中国传统制茶技艺及其相关习俗"被列入联合国教科文组织人类非物质文化遗产代表作名录,至此,我国共有43个项目入选,居世界第一。习近平总书记作出重要指示强调,要扎实做好非物质文化遗产的系统性保护,更好满足人民日益增长的精神文化需求,推进文化自信自强。

每一项被列入联合国教科文组织非物质文化遗产名录、名册的中国非遗,都是一种无声的传世民俗,都是一部活态的文化史诗,它们以令世人称奇的"东方神秘之美",佐证着中华优秀传统文化的博大精深、源远流长,为我们的文化自信添砖加瓦的同时,也展现着人类非物质文化遗产的丰富多彩、和而不同,为人类文明贡献着中国力量。

中国非遗项目总数列居世界第一,欣喜、骄傲之余,我们也应清醒认识到,申遗成功不是句号,做好保护传承、使之造福今人才是目的。以往,在一些地方,非遗不受重视,

> **拓展阅读**

出现后继无人的尴尬；有的把非遗看作"落后"的代名词，忽视了它的时代张力；有的选择性支持能快速变现的项目，对需要下功夫保护的非遗项目置之不理，导致"非遗之美"昙花一现……非遗保护不能陷入狭隘的功利算计，不能止于局部的零敲碎打，务须扎实做好"系统性保护"，使之焕发蓬勃生命力。

推动非遗保护的系统性，除了立法立规、建章立制，形成周密的制度体系，并坚决保障制度不折不扣、严格执行之外，还表现在大力提升传承方式的系统性，全面拉近非遗与现代人的距离。

一方面，非遗不是故纸堆里的"遗老"，而是穿越古今的"潮人"，可以具备更多烟火气、市井味。"别让我遇见你，遇见你，我就能复制一个你"……在山西，民间艺人张荣捏泥人的系列小视频在网络走红，凭借着一双巧手，这位80后小伙已经成功在互联网吸粉40多万。而这并非孤例，某短视频平台上，入驻的国家级非遗代表性项目覆盖率达97.9%，超过5847万名非遗创作者在平台上生产内容。

另一方面，非遗也可以更具仪式感，成为一种别致的消费潮流。"中国传统制茶技艺及其相关习俗"入选非遗，让笔者联想到一桩雅趣——"围炉煮茶"以席卷之势迅速走红

> **拓展阅读**
>
> 网络，不少年轻人自备茶具或前往户外茶社或新中式茶馆，生火、煮茶、烤橘子、嗑瓜子……"绿蚁新醅酒，红泥小火炉"的场景让很多人步入诗意时空，这场极富仪式感的冬日社交狂欢在年轻群体中备受热捧。"把传统的变成时尚的"，非遗完全可以以更多"仪式之美"，把氛围感拉满。
>
> 泰戈尔说："古老的种子，它生命的胚芽蕴藏于内部，只是需要在新的时代土壤里播种。"非遗保护传承，要有在人间烟火中与普通百姓发生密切交集的与时俱进，也要有契合时尚达人"围炉煮茶"式的别致典雅，在双向奔赴中，构建更加立体而宽阔的生长空间。

13

活化非遗，变"心间记忆"为"指尖经济"

吴志才

非物质文化遗产是中华民族优秀传统文化的当代活态呈现和民族集体记忆的重要载体，也是百姓推开富裕之门的重要动力源。数据显示，截至2020年5月，全国设立了2000余所非遗扶贫就业工坊，开展了2200多个非遗项目，通过对近18万人次开展培训，带动了近50万人就业、20多万户贫困户脱贫。

"十四五"时期是巩固拓展脱贫攻坚成果和乡村振兴有效衔接的过渡期。当前，要找好着力点，激发非遗活力，让非遗之光在社会主义现代化国家文化新图景中继续闪耀。

人才为基，弘扬新时代乡村工匠精神。"人"是非遗得以保护、传承和发展的基石和灵魂。在非遗传承过程中，要重塑农民作为非遗传承者的主体性。既要充分认识老人、妇女等群体在非遗传承中的作用，将非遗打造成他们改善生产生活现状的重要渠道；也要构建适合新时期的立体化师徒制，为年轻人返乡参与非遗创作提供教育体系保障；还应推动非遗传承人职业化发展，建立代表性传承项目专家库和传承人职称评定制度，开展传承人研习研修培训，吸纳各环节的优秀传承人进入代表性传承人队伍。

产业为链，供需协同激活非遗要素价值。充分发挥非遗对于减贫致富的作用，需要从供给和需求两端发力，推动非遗传承的综合性产业化发展。从供给角度看，应将非遗文化和当地社会经济文化以及物质文化生产要素有机整合，通过"非遗+"的方式，延伸非遗特色全产业链条，畅通高溢价设计端、打造全要素流通链，推动非遗和当地基础产业优势互补。从需求角度看，应进一步激发非遗消费市场活力，推动非遗出村、破圈、进城，构建"研发—设计—制造—营销"的整体优化路径，使非遗文化突破空间限制，走出当地；构建新型非遗社区系统，通过非遗社区景区化和非遗景区社区化，使传统的非遗文旅目的地具备景村共融、主客共享的功能；构建城市非遗展示空间，依托非遗城市体验店、乡村非遗大师馆等载体，使非遗文化能够在城市"留下来"。例如，贵州丹寨县在传承蜡染技艺过程中就非常关注非遗产业链打造，一方面邀请省内外高级电子商务师、服装设计师、资深手工艺人等开展技艺培训，另一方面通过定期召开产销对接会等拓宽群众增收渠道，把"心间记忆"转变为"指尖经济"。

数字为媒，赋予非遗文化新的时代坐标。技术的优化和提升为

活化非遗,变"心间记忆"为"指尖经济"

非遗的转换、再现与复原提供了更加优良的外部环境,使非遗的内核不再是"凝滞的文化",而能随着时代浪潮不断向前发展。当下,应通过5G、人工智能、VR等数字化技术的运用,重现非遗传承的生活情境和制造过程,构筑沉浸式综合体验平台;通过多媒体矩阵与新营销手段的协同,搭建多媒体传播矩阵,改变非遗文化低流量、少曝光的现状,为非遗打开对外推广、营销的窗口。贵州"侗族七仙女"直播团队,便是凭借科技赋能成为脱贫"网红"的典型案例。直播团队将非遗传统工艺"蓝靛靛染"产品进行数字化呈现,实现了由"产品销售"向"内容消费"的转变,再借助短视频直播平台,突破了传统文化的传播群体和路径限制。

政策为帆,推动非遗文化再繁荣。要强化非遗保护与活化利用的规范和制度安排,在尊重农民主动性与创造性的基础上,进一步加强非遗传承方式的规范性,保障非遗的本真性;推动公共财政资金、金融政策倾斜,鼓励民间资本投向非遗传承活动,提高非遗创新利用的政策灵活性;强化公共文化宣传,增加非遗传承与创新主体的广泛性;积极开展全国性职业技能竞赛、展示等,让非遗在国家政策的支持下"活起来"。

《光明日报》2021年8月9日第7版

拓展阅读

推进非遗工坊建设　助力乡村振兴

努　木

为进一步推进文化和旅游扶贫工作，2018年7月，文化和旅游部办公厅、国务院扶贫办综合司下发《关于支持设立非遗扶贫就业工坊的通知》、文化和旅游部办公厅下发《关于大力振兴贫困地区传统工艺助力精准扶贫的通知》，并确定了第一批10个"非遗+扶贫"重点支持地区。西藏各级文旅部门从坚决打赢脱贫攻坚战、坚定实施乡村振兴战略的高度，着眼于推动优秀传统文化保护传承发展，根据非遗项目分布和扶持工作进展情况，结合各市（地）梳理的非遗代表性项目，特别是覆盖面广、社会参与度高、发展前景好的民族手工艺项目，持续稳步推进非遗工坊建设，为贫困地区、贫困人口搭建起勤劳致富、摆脱贫困的文化扶贫平台，使更多的群众参与其中，实现了就近就便、不离乡不离土，促进就业增收的目标。

在第一批非遗工坊示范带动下，截至2020年底，全区共设立非遗工坊108家，直接吸纳1710名建档立卡贫困户

> **拓展阅读**
>
> 就业，人均年收入 4.4 万余元，累计为农牧民群众增收近 6000 万元，非遗助力脱贫攻坚取得了良好成效。随着西藏历史性消除绝对贫困，全面实施乡村振兴战略，脱贫攻坚由集中攻坚向全面巩固提升脱贫成果转变，"十四五"期间，继续以非遗工坊建设为抓手促进非遗保护传承在经济社会可持续发展中发挥更大的作用，仍具有重要意义。
>
> ### 加强政策引导推动，完善顶层设计
>
> 党的十九大提出实施乡村振兴战略，要按照产业兴旺、生态宜居、乡风文明、治理有效、生活富裕的总要求，建立健全城乡融合发展体制机制和政策体系，加快推进农业农村现代化。乡村振兴，产业是支撑。以非遗工坊为代表的传统工艺，自是乡村振兴的题中应有之义。
>
> 在西藏众多非遗项目中，传统工艺类占201项，其中16项入选第一批国家传统工艺振兴目录，30个项目列入第一批自治区级传统工艺振兴目录。非遗工坊是从覆盖面广、从业人员多、适于带动就业、具有较好市场潜力的非遗传统工艺中精选出来的代表性项目。要实现以非遗工坊建设为抓手带动传统工艺振兴，从而推动乡村振兴，就要完善顶层设计，将非遗工坊纳入乡村振兴目标任务，制定非遗工坊总体建设

> **拓展阅读**

指导方案,建立非遗工坊效能评估、数据统计和工作考核机制,为非遗工坊可持续发展提供坚实的政策保障。

强化人才培养,提升发展能力

在非遗工坊建设中,"非遗工坊+传承人""非遗工坊+合作社""非遗工坊+企业"是较为普遍的经营模式,通过公司整合资源,将分散的手艺人聚集起来,致力于非遗的挖掘、传承与开发,为贫困人口提供就业机会和稳定的收入。但是,这种经营模式下的手艺人往往思想观念陈旧、生产方式传统保守、产品设计单一。如何既尊重传统生产工艺又能在市场竞争中脱颖而出,更好助力就业增收?这就需要制定面向非遗工坊的创业培训计划,研究职业技能培训的补贴政策和激励机制,进一步完善人才培养和引进机制,同时帮助农户在掌握传统技艺的基础上,学习电子商务、产品设计、市场销售等现代技艺技能,培育扶持学得好、留得住、干得强的非遗工坊带头人。

强化品牌价值,增强市场活力

目前已经建立起来的非遗工坊,都是基于产品具有较好市场潜力的非遗代表性项目。这些非遗产品经过历史的沉

> **拓展阅读**

淀，在本土市场有着较高的知名度。但面对日趋激烈的市场竞争和高质量发展的要求，非遗产品不能仅满足于过去的成就，而应着眼未来，着眼于更广阔的市场。一是开展非遗工坊品牌培育行动计划，形成一批高知名度的非遗产品品牌，扶持非遗工坊进行产品创意创新设计，推出符合时代特征、融入当代生活和具有知识产权的产品；二是拓宽非遗工坊销售渠道，充分利用互联网电商平台、商贸平台建立合作对接机制，促进非遗产品进旅游景区和商业网点等，加大线上线下宣传营销，延长产业链，开拓国内外市场。

依托旅游资源，促进文旅融合发展

众所周知，在文旅融合发展中，旅游是载体，文化是灵魂。西藏拥有丰富的文化和旅游资源，促进非遗工坊与旅游资源有效融合优势明显。近年来，西藏抓住研学旅游等新业态热点，通过平台搭建、模式创新，依托非遗工坊打造非遗研学基地。此外，西藏主动将非遗工坊建设延伸至旅游景区，扎根于景区的非遗工坊，让旅游与文化发生奇妙而完美的碰撞，推动优秀传统文化的创造性转化和创新性发展。

14

让非遗传承"潮"起来

李 慧

一间工作室,两位非遗传承人。和以往关起门做饼、面对面销售的方式不同,在广东惠州博罗县观音阁镇德源楼,惠州非遗传承人李超宏、李晓聪架起手机开始网络直播。通过直播,更多非遗飞入寻常百姓家,非遗传承也有了新载体。

"非遗+直播"的形式,不仅为非遗接上时代的地气,更为非遗文化注入流量的热度,让非遗传承"潮"起来,吸引着年轻一代的眼球。

文化是沟通心灵的桥梁,具有跨越山海的力量。近年来,我国多项非遗在联合国教科文组织申遗成功,成为全人类共同的文化记忆。承载着中华文化基因的"非遗名片",为国际社会更好了解中华文化打开了新的大门。

让非遗传承"潮"起来

曾几何时,承载着这种荣光的非遗,却故步自封、步履蹒跚。很多生产制作手法过分追求传统,不求创新,停滞不前,难以同社会化大生产的需求相适应。在营销策略上,不少非遗项目囿于卖方市场的束缚,难以和市场经济的快速发展齐步走,只能徘徊在艰难生存甚至濒临消亡的边缘。

殊不知,酒香也怕巷子深。在互联网大潮中,传播方式和途径在革新,理念和模式在革新,非遗的传承也亟待开发新路、开拓新局。

回首来路,可以看到,许多非遗项目都诞生于农耕时代。农历二十四节气、草编工艺、山歌、棉纺织技艺、粽子制作技艺……这些非遗既丰富,又亲切,承载着几代人的乡愁和民间文化印记。

保护和传承非遗,就是要把这种蕴藏于其中的古老而深沉的文化因子激发出来,与现代生活结合、与时尚结合,让非遗不再是"活在博物馆里的古董",而是成为"火"在当下、"活"在当下的一种存在。剪纸技艺传承人探索剪纸婚纱照等定制类产品、湖北省博物馆推出融入编钟音乐的手游、故宫开发各类文创产品……通过一个又一个精巧的创意,古老的非遗不再"养在深闺人未识",而是活化成为一种生活方式、一种潮流样式。

时代潮流滚滚向前,不管是哪个领域的文化传播,都要直面群体差异、认知冲突、新陈代谢三大要素的挑战。这也是非遗走向市场亟须解答的几大课题。如何既保持传统特色,又融合时代需求;如何既有拥抱市场的热情,又有保持传统的定力;如何找到其中的最佳结合点和平衡点,成为非遗创新与发展的关键所在。

怎样做好非物质文化遗产保护

水能载舟，亦能覆舟。在互联网不断优化升级的今天，非遗传承需要创新，但也需要坚守。要警惕过度商业化给传统技艺传承带来的冲击和挑战。实践证明，如果一味地市场化，一味地迎合消费者，非遗也将因失去本来的色调而走向凋零。只有保持初心、保持本色，非遗传承才能常创常新，焕发出更长久的生命力。只有不断打磨产品、提升质量，才有可能突出重围、持续发展。

在非遗传承过程中，除了自身的改革和创新外，政府在扶持和保护非遗项目中，更应该"扶上马，送一程"。要依托文化旅游产业，发展县域经济，重点扶持一批非遗推广研究企业和平台；要加大非遗传承人才培养，构建复合型文化遗产人才培养机制；要通过政府主导、市场调节、创新机制，摸索出一条以非遗传承保护促进乡村振兴的好路子，让非遗在产业融合中焕发持久生命力。

《光明日报》2021年9月12日第5版

> 拓展阅读

非遗+短视频，让传统老手艺"破圈"

董 蓓

你会到偏僻的小山村观看一位花甲老人编竹筐吗？你会去遥远的古镇欣赏一位姑娘在院子里染花布吗？或许不会，可当这些"身怀绝技"的手艺人拿起手机，走进屏幕，却吸引了成千上万的网友在短视频平台观看和点赞。

互联网大潮下，快手、抖音等短视频平台把那些与我们日常生活渐行渐远的传统手工艺再次拉回到大众的视线中。当传统文化遇上新媒体技术，古老而低调的非遗老手艺被注入新的生机与活力。如何抓住机遇传承创新，增强非遗项目的自我生存和发展能力，让传统文化"活"起来，是传统老手艺的传播者和传承人面临的崭新课题。

转变——老手艺"抖"出新花样

【案例】乔雪是非遗乔家手工皮艺传承人。2020年，乔雪和团队在抖音平台做了200多场直播，一场直播最多同时在线人数过万，累计卖货近300万元。她还创立了自己的皮

> **拓展阅读**

艺制品公司，并打造了属于自己的品牌"乔师傅"。

制作手工皮艺制品是一件既耗时又耗精力的事情。一件手工皮艺制品的打造，需经过绘图72个小时、雕刻10万刀、敲击60万次、上色3360分钟，共计126项工艺流程。自从学习手工皮艺开始，乔雪便坚定地坚持手工技艺的打磨。"手工缝线形成的纹理，是现在最先进的仪器都达不到的。"乔雪说，让年轻人把传统手艺"背"在身上，才是真正的传承。

随着新媒体的快速发展，越来越多非遗传承人的生活状态被一点一滴地改变，如今只要拥有一台智能手机，就可以记录和传播非遗老手艺。富含古典之美的非遗文化产品和精益求精的工匠精神得到了更多人的认可，新的文化体验方式也让众多非遗传承人打开了新的创作思路。

江西新余洞村竹编非遗传承人李年根从9岁开始学习竹编，如今他已60多岁。四五十年前，手艺精湛、效率极高的李师傅闻名乡里，大家都喜欢买他的竹制品。但随着时代发展，制作周期极短的工业化产品严重冲击了传统手工艺品的生存空间，李师傅从事的竹编行业也备受影响，他的同门师兄弟和徒弟们纷纷转行。

坚守非遗竹编技艺52年的李师傅始终不肯放弃，凭着一股"倔劲儿"，开始尝试寻找新出路。终于，短视频让这

非遗＋短视频，让传统老手艺"破圈"

> **拓展阅读**
>
> 门竹编手艺"走红"网络。李师傅还将竹编玩出了不一样的花样，能扫描的竹编二维码以及众多有趣的物件吸引了不少年轻人的关注和喜爱。
>
> 短视频的表现形式多样、视觉冲击力突出，在短短十几秒内，就能把非遗老手艺最美、最真实、最吸引人的一面展现出来。古老的非遗文化在新技术、新载体的助力下传播开来，让越来越多的人领略到传统手工艺的魅力。
>
> 在社会经济发展、人民生活富裕的今天，许多年轻人都有能力选择、培养自己的爱好，开始追求心灵的抚慰与自身价值的实现。北京师范大学社会学院人类学民俗学系主任萧放认为，传统老手艺需要安静的场景与心境，以慢工、细活的方式进行创作，不但制成的作品工艺精良，在手工制作工艺品的过程中还可获得难得的精神放松与价值实现，因此众多90后、00后自然会为老手艺所吸引。
>
> 中共中央办公厅、国务院办公厅联合印发的《关于进一步加强非物质文化遗产保护的意见》提出，适应媒体深度融合趋势，丰富传播手段，拓展传播渠道，鼓励新闻媒体设立非物质文化遗产专题、专栏等，支持加强相关题材纪录片创作，办好有关优秀节目，鼓励各类新媒体平台做好相关传播工作。

> **拓展阅读**
>
> ### 传播——让传统技艺"活"在当下
>
> 【数据】据统计，在快手短视频平台，每3秒钟就有一条非遗视频产生，有超1500万个非遗内容创作者在快手上生产非遗相关内容的视频，他们一起创造了超2245亿的视频播放量，获得超67亿次点赞，创收超15亿元；平均每个视频至少被6263个人看过，被187个人赞过。《抖音非遗数据报告》显示：截至2021年6月10日，抖音平台上国家级非遗项目相关视频数量超1.4亿个，1557个国家级非遗项目中，抖音涵盖率达97.94%；濒危非遗相关视频在抖音获赞超1亿次。
>
> 非遗技艺是人类宝贵的历史财富，有着丰富的文化内涵与历史记忆。非遗与短视频的结合，使其再次成功进入大众视野中，获得了更多的曝光度与关注度，为非遗"活"在当下、实现长足发展提供了有利条件。
>
> 2020年10月23日，抖音面向全国手艺人、手艺商家的"看见手艺"计划正式开启，这项计划通过流量扶持、费用优惠、官方培训等多项举措，发挥视频直播、电商作用，助力传统手工艺被更多人看见。2020年，包括10位非遗传承人在内的85位手艺人通过电商实现年收入过百万元。2021年非遗传承人带货成交总额较2020年增长15倍，新媒体为众多老字号打开了新销路。

> **拓展阅读**

吴罗织造技艺非遗传承人朱立群把织布机搬到抖音平台，吸引了近10万年轻人围观。在年轻人喜欢的平台上，朱立群化身"朱伯伯"，科普服饰制式、推广织罗技艺，仅半年时间就吸引了近10万粉丝，收获130多万次点赞。其中，人气最高的一条短视频获赞14万次。网友纷纷为"朱伯伯"精湛的传统技艺所折服。

通过电商平台的推广，朱立群在年轻人聚集的地方，开辟出属于手艺人的一席之地。"2015年以前的丝织品订单中，出口占到八成，现在这个比例倒过来了，主要都靠国内。"朱立群说，过去基本不抱希望的散客订单，竟也渐渐成了工厂销量的重要部分。

销量仅仅是一方面，更重要的是，朱立群看到了属于传统手艺的"未来"。墙内开花墙内也香，他希望通过电商让更多人看到、买到好的丝织品，让越来越多的国人，尤其是年轻人喜欢上这项传承数千年的传统技艺。

在非遗传承过程中，这样的故事还有很多。苏绣传承人、90后女孩杨雪为了学习苏绣技艺，跨越千里，扎根苏州镇湖。经过十年潜心学习，她成为苏绣青年传承人中的翘楚。从荆楚大地到江南水乡，从线下工作室到线上平台，杨雪编织着她和苏绣的未来。

> **拓展阅读**

　　2018年，杨雪在抖音免费教了一整年苏绣，创下一节课超百万点赞、近千万人观看的纪录。为了不让屏幕中的绣品色彩失真，她的教学视频从不开美颜，镜头也经常对着手部拍特写，一场直播下来，观众甚至见不到她几面。用她的话说，"苏绣比我的脸重要"。

　　即使不露脸，网友们的参与度也超乎杨雪的想象。她曾经办过一场8小时的直播，有粉丝从头跟到尾。更多人表示想购买她的刺绣，催促她上架新产品。有网友留言说："这样的手艺人值得花钱保护！"她惊喜于粉丝对苏绣的热情，表示未来也将在商品橱窗上架更多创意产品，让更多人领略苏绣的魅力。

传承——非遗需要更多年轻人"接棒"

　　【思考】许多非遗传统手艺脱离了现在的百姓生活，成为专门传习的技艺，一些小众且地处偏远的非遗文化渐渐被大众遗忘，绚烂的非遗文化与现代生活渐行渐远，非遗项目的传承愈显艰难。从业人员年龄结构老化、后继无人，非遗产品产业化程度低、价格高、竞争力不强。非遗产品销量不畅，极大影响了非遗技艺的传承。在互联网大潮中，非遗如何传承创新，不仅是非遗传承人面临的崭新课题，也是迫切非遗＋短视频，让传统老手艺"破圈"

> **拓展阅读**

需要回答的时代之问。

作为江西吉安第四批非遗项目代表性传承人，吉安薄酥饼制作工艺传承人肖承勇对非遗传承充满忧虑。薄酥饼好吃，接班人却寥寥无几。"做薄酥饼这么多年，最大的问题，就是没人来学，特别是没有年轻人愿意学。"肖承勇说，做薄酥饼整天跟油、面等"打交道"，工作环境不够"体面"。

时代进步，许多传统技艺的手工制作环节被机器替代，但不变的是肖承勇身上传承这项技艺的赤诚之心。肖承勇从17岁开始当学徒，已潜心研究这项技艺26年。他在吉安吉州区绿色食品产业园建有1万多平方米的薄酥饼生产车间，身边带的一批徒弟，也基本已经出师。肖承勇希望尽自己所能擦亮这张美食名片，让传统技艺永远地传承下去，也让这份美丽"乡愁"愈发浓郁，回味绵长。

新的媒介技术与自媒体传播方式，为深藏民间或者偏僻乡村的老手艺打开了天地，传说中的"天工巧手"居然存在世间。手艺人不需要环节论证，也不需要"传承人"头衔，鲜活地走到世人面前，分享他们开物成器的巧艺智慧与幸福快乐，同时也让自己的手艺获得欣赏的粉丝与消费群体，可谓一举多得。

抖音、快手等作为广为大众熟悉的自媒体平台，具有直

拓展阅读

观快捷的传播特点,在展示、传播传统手艺方面有特殊优势。它通过自媒体的方式直接联通了手艺人与欣赏者、消费者,将传统手艺直接推到年轻人面前,让传统技艺以其特有的艺术魅力,打动一批批年轻人的心。这些年轻人的加入,将老传统变成了新时尚,对非遗手艺重回日常生活起到了重要促进作用。

  在历史悠久、人口众多、需求多样的中国社会,我们不缺文化欣赏者、文化消费者与忠实的文化传承者,缺的是将他们联系起来的桥梁。非遗传播与非遗传承二者有着密切的关系,特别是在今天,以传播促传承尤为重要。对于老手艺,年轻人只有了解、理解之后,才会有兴趣、有热情去享受它、传承它。消费与欣赏会促成一种以传统为时尚的国潮。国潮之下,老手艺也就获得生存空间,而且让传承人获得文化自信,由此为非遗传承带来动力与活力。

15

生动见证中华文明绵延传承的历史

张延利

2021年8月12日,中共中央办公厅、国务院办公厅印发《关于进一步加强非物质文化遗产保护工作的意见》(以下简称《意见》),指出保护好、传承好、利用好非物质文化遗产,对于延续历史文脉、坚定文化自信、推动文明交流互鉴、建设社会主义文化强国具有重要意义。《意见》提出要加大非物质文化遗产传播普及力度,并指出三条实施路径:促进广泛传播,融入国民教育体系,加强对外和对港澳台交流合作。其中,明确提到"支持加强相关题材纪录片创作"。这一表述,既是对近年来纪录片在保护、传承和推广非物质文化遗产上所起到的积极作用的肯定,也是对接下来纪录片将如何更好助力非遗绽放时代新活力提出更高的要求和期待。近年来,纪录片和非遗越走越近,涌现出一大批产生较大社会影响的非遗题材纪录片，如《传承》《我在故宫修文物》《指尖上的中国》《了不起的匠人》《锦绣纪》《中国手作》《百年巨匠·非遗篇》《年画·画年》等。纪录片已经成为传播普及非遗的主要影像载体，是助力非物质文化遗产实现创造性转化、创新性发展的重要方式。

已成为传播普及非遗的主要影像载体

对于非遗的传承保护而言，以父子传承或师徒相传为主的传统方式，不仅传播渠道单一、影响范围狭小，而且有时候还面临工艺细节、流程规范、文化价值等诸多非遗文化精髓失传的风险，更遑论推广普及。以真实性为核心特征的纪录片，与其他影视艺术类型相比，承担着更为鲜明的文献价值。当纪录片把镜头对准非物质文化遗产时，能够用影像记录的方式大幅提升非物质文化遗产传承保护的安全性，这也是非遗题材纪录片创作的初心所在。

纪录片《传承》从第一季到第三季，犹如一部不断自我革新的非遗文化影像志。但不论影视技术如何创新、拍摄手法如何更迭、叙事方式如何变化，用镜头忠实记录、探索中华大地上丰富的非物质文化遗产，是主创们始终如一的创作初心。再比如，《指尖上的中国》以八集的体量真实记录了龙泉青瓷、梧桐古琴、须派核雕等十多位中国国家级非遗传承人及世家传人的故事。作品表现了他们与众不同的生活与精湛技艺，挖掘手工艺背后不为人知的故事，并在悉尼中国文化中心等驻外机构播出，在向海内外观众生动讲述中华古老手艺的历史和传承故事的同时，也使这些国宝级手艺得到拯救、保护和传承。

在保护为主、抢救第一、合理利用、传承发展的理念指导下，纪录片能够记录非物质文化遗产的技术细节、工艺流程、社会现状和文化价值，以直观的影像方式收集、记录和整理相关数据，让丰富宝贵的非遗文化资源获得永久的影像留存，进而成为非物质文化遗产保护传承的重要影像支撑。

是对外展现中华优秀传统文化的有效途径

纪录片在非物质文化遗产的保护传承方面，所能发挥的作用远不止于文献记录。当前，推动纪录片高质量发展是产业发展的内在诉求，在此背景下，许多精品非遗题材纪录片坚持守正创新，尊重非物质文化遗产基本内涵，弘扬其当代价值，通过叙事手法、影像呈现、技术革新等方面的创新，让古老的非遗"活"起来。

真实性，一直是纪录片的首要属性。但伴随美学追求的多元化，创作者从非遗主题发散开来，发掘更多的鲜活故事与文化精神，"纪录片故事化"也成为非遗纪实影像追求的目标。例如，纪录片《传承》虽以表现中国非物质文化遗产传承人为主题，但无论是故事化的叙述手法，还是对镜头画面的极致化捕捉，抑或是解说词的年轻化处理，这些贴合时代的创新蜕变，唤起了人们体验、观看和探究非遗文化的兴趣，吸引着更多年轻人走近非遗、认识非遗、热爱非遗。

随着影像技术的更新迭代，以图像消费为主导的变革已成为社会现实。在技术美学的加持下，通过对精致唯美的视听画面的追求与呈现，吸引观众目光，带来饱满的审美体验，已成为非遗纪录片

"出圈"的重要手段。纪录片《锦绣纪》很多地方都用了百微镜头，甚至自制了超微镜头接环，而随着接环增多，镜头稳定难度提高，即使自制了沉甸甸的云台，拍摄时，一次呼吸仍会捎带镜头微颤，所以很多镜头都是摄影师屏住呼吸完成的，带给观众独特的视觉冲击和审美体验。

值得一提的是，非遗也是对外展现中华文化，讲好中国故事的有效途径。致力于打造成"记录中华优秀文化发展的视听百科全书"的《中国符号》，其大部分表现主题都与非遗文化直接相关。纪录片《茶，一片树叶的故事》不仅讲述了千百年来中国茶文化的传承故事，更通过茶叶联络起从东方到西方、从远古到现代人类情感，真正讲述了世界范围内的"茶人""茶事"，成为中国首部全面探寻世界茶文化的纪录片。

在新媒体平台释放出巨大传播能量

近年来，随着媒体融合的深入推进，新媒体迅猛崛起，不仅成为纪录片传播的重要阵地，改变了人们以往的视频消费习惯，而且还深度介入产业链条，为纪录片注入互联网基因，积极重塑纪录片的规则和版图。在这种融合态势下，非遗题材纪录片也迎来了蓬勃发展。

一方面，在新媒体平台上非遗纪录片释放出巨大的传播能量。例如，纪录片《我在故宫修文物》在互联网的走红，让更多年轻人看到并爱上了那些故宫里的国家级非物质文化遗产技艺，了解了世界顶级的文物修复技艺，并深深地为传承人的工匠精神所打动。同样走红网络的还有《了不起的匠人》，该片用绝美的视觉表现和对匠人精神的深度挖掘，全幅呈现了手工匠人在当下的生态图景，一跃成为全网刷屏的现象级纪录片。

另一方面，新媒体平台纷纷布局非遗内容。例如，抖音推出的"非遗合伙人"计划、"看见手艺"计划，让非遗内容成为平台宠儿，依托电商，为非遗在抖音打开新市场。快手发布的"非遗带头人"计划则通过短视频科技、互联网社交基因等资源优势，活化非遗技艺，培育非遗带头人，并通过一系列的创意传播事件，助力非遗传承，实现非遗复兴等。可以说，在非遗纪录片的带动下，新媒体平台发现了非遗内容的巨大文化价值和商业价值，非遗正在年轻人中间刮起一阵阵潮流风尚，这一切都将有助于非物质文化遗产的保护传承实现良性增长循环。

人事有代谢，往来成古今。一如《意见》所强调的那样，非物质文化遗产是中华优秀传统文化的重要组成部分，是中华文明绵延传承的生动见证，是连结民族情感、维系国家统一的重要基础。古老的非物质文化遗产的历史意义和文化价值，正在通过以纪录片为代表的创作载体和传播手段绽放出全新的时代活力。相信，在纪录片与非遗携手同行的道路上，不远的前方必将还有更大的惊喜等待着我们去探索实现。

《光明日报》2021 年 9 月 29 日第 16 版

拓展阅读

引领非遗保护高质量发展

张雪芳

2021年8月12日，中共中央办公厅、国务院办公厅印发《关于进一步加强非物质文化遗产保护工作的意见》（以下简称《意见》），有以下三个突出特点。

强化党的领导，明确非物质文化遗产保护工作的地位方向。传承保护好非物质文化遗产对坚定文化自信、推动文明交流互鉴、维系国家统一、建设社会主义文化强国具有重要意义。《意见》明确提出要"坚持党对非物质文化遗产保护工作的领导""坚持马克思主义祖国观、民族观、文化观、历史观，铸牢中华民族共同体意识"，进一步表明了非物质文化遗产保护工作在党的伟大事业中的重要地位，彰显了党中央把坚持马克思主义在意识形态领域指导地位的根本制度贯彻到文化建设全过程各领域的治国理政思想，为非物质文化遗产保护工作指明了方向。

强化工作路径，稳固非物质文化遗产保护工作的制度举措。近年来，我国非遗保护工作遵循规律、融入生活、传承

> **拓展阅读**

发展，形成了许多好理念、好制度、好做法，为国际社会非遗保护提供了中国经验、中国方案。《意见》进一步将这些做法举措强化，同时，将非遗融入国家重大战略、融入国民教育体系、加强对外和对港澳台交流合作等重大工作部署加进来，将极大增强非遗保护工作的社会功能和质量水平。

强化政策支持，提升非物质文化遗产保护工作的保障能力。《意见》在保障措施中，创造性地明确了非物质文化遗产保护工作纳入考核评价体系、建立获取和惠益分享制度、加强非遗知识产权保护、鼓励非遗产品和服务采购、支持非遗企业享受税收优惠等政策措施，精准观照了非遗保护工作的痛点、难点，为非遗保护工作行稳致远提供了强有力的政策保障。

为深入贯彻落实《意见》精神，必须尽快形成具体有力的举措，进一步将《意见》总体要求和各项任务落地落实。以河北为例，深入贯彻落实《意见》精神，应从以下三方面着力。

融入国家战略，做好"服务"文章。必须紧紧融入、对接和服务京津冀协同发展、雄安新区规划建设、长城和大运河国家文化公园河北段建设、京张体育文化旅游休闲带、乡村振兴等重大战略部署，充分发挥非遗社会功能作用和服务

> **拓展阅读**

中心工作的水平。

融入经济发展,做好"利用"文章。加强非遗资源活化利用,实施做好河北非遗购物节、非遗工坊体系建设、非遗产品创意研发营销、非遗旅游线路推广、非遗特色景区创建等工作,为经济发展助力赋能。

融入社会生活,做好"传承"文章。通过举办形式多样、内容丰富的非遗展示传播、节庆民俗、研学体验、传习培养等,创建国家和省文化生态保护区等,使非遗在发展中传承。

16

民俗润泽乡间　激活振兴力量

清华大学文化创意发展研究院课题组

春节，逛庙会、赶年集、看社火、吃年饭、过大年；元宵节，挂灯笼、猜灯谜、围篝火、闹元宵；中秋节，做剪纸、赏皮影、听戏剧、享团圆……在陕西省礼泉县烟霞镇袁家村，游客一年四季都能在传统村落中感受浓浓的民俗节日氛围。

"过节不就是图个氛围嘛，这里年味儿足""体验了关中民俗，浓浓的烟火气很不错""让娃娃们见识一下咱陕西人的正宗过年习俗"……袁家村通过"修旧如旧"的老街区和一系列民俗文化活动，打造"关中印象体验地"民俗文化品牌，举办"唐风纳凉节""中秋诗歌会""春节大庙会"等沉浸式、体验式、场景化的民俗文化活动，游客们流连于民俗街区、工艺作坊，感受乡村民俗风情，体验传统节日文化。

传统民俗节日具有很强的仪式感和较高的群众性，蕴含着中华民族特有的精神价值、思维想象和文化意识，体现着中华民族的生命力和创造力，是中华民族生生不息、发展壮大的丰厚滋养。在当前全面推进乡村振兴的背景下，传统民俗节日的传承与弘扬呈现哪些新特点？

民俗节日：数量种类众多，承载丰富文化内涵

我国的传统民俗节日形式复杂、丰富多彩。例如，按民族来分，我国有区域民族的节日（如泼水节等）和全国性的节日（如春节、端午节、中秋节等）。按节日对象来分，有少年的节日（如彝族的娃娃节），有老年人的节日（如重阳节等），等等。

若按节日主题来划分，可把节日分成农事、庆祝、祭祀、纪念四大主题。其中，农事节日以农林渔猎等生产活动习俗为主要内容，往往是以一定的祭祀活动来表现，如汉族在立春时节的"打春牛"活动、壮族的春耕牛王节、彝族的采药节等；庆祝类节日，不少地方以扎花灯、赶歌、社火等喜气洋洋的社会交往活动来庆祝节日，其中最热闹的当属各民族的"年节"；祭祀节日和纪念节日主要以祭祀天地神、祭祀祖先以及纪念历史重大事件和人物为主要内容。

这些数量众多、内容丰富的传统节日，充分体现了中国民俗节日所承载的文化内涵。它们内容多元，包罗了服饰、饮食、礼俗和游艺等与群众传统生产生活紧密结合的文化内涵。它们形式多样，同一个节日在不同区域有着不同的习俗。春节吃年饭，"北水饺、南汤圆"，南北方各有喜好；端午节"赶鬼"，对于挂钟馗像还是挂蒜头、挂石榴花，各地习俗也不尽相同。无论是内容上还是形式上，这些传统节日都寄托了人们对于家庭团圆、生活喜乐的美好期许，重视传统人伦亲情，更是中华优秀传统文化和丰厚人文底蕴的直接体现。

传承现状：常态化融入生活，文化与产业共促

"点火！"随着一声响亮的吆喝，火苗迅速蹿升，火堆熊熊燃烧起来。一名青年助跑一段后，纵身一跃，矫健地跨过火堆，一旁围观的人群里响起阵阵掌声。这是佛山市南海区里水镇赤山村"跳火光"的热闹场面。每逢元宵节，村里都会举办"跳火光"民俗文化活动，吸引无数游客慕名而来。

"跳火光，祈乐安康，真有意思！""我也很想试试""以后一定要去这个村看看"……里水镇策划了"跳火光"元宵节直播活动，有12万多名网友线上围观了"醒狮贺岁""主帅公巡游""跳火光"等民俗节日活动。打破空间限制，广大网友了解了当地的历史文化，感受到传统民俗文化的魅力。

调研发现，各地的传统民俗节日，已经常态化融入精神文明建设中，以非物质文化遗产保护为基础，实现文化与产业的共融共促。

以精神文明建设为根本，结合新时代文明实践，有组织地开展群众性活动，传承传统民俗节日。"红色文艺轻骑兵""送戏下乡""我们的节日"……党的十八大以来，各地结合当地实际，在春节、元宵节、清明节、端午节、中秋节、重阳节等传统节日，举办各类文化活动，凝聚邻里乡情，经过多年积累，已成为弘扬中华优

秀传统文化的长期文化工程。

以非物质文化遗产保护为抓手，推动文化繁荣。我国丰富的非物质文化遗产包含传统庆典、节日仪式、民俗活动等文化项目。例如，佛山市南海区现有非物质文化遗产项目共66项，其中2项国家级、11项省级、27项市级非物质文化遗产项目。针对这些非遗活动，区、镇、村通过纪录片展映、数字化展览、少年宫传习、非遗进校园等分别开展不同类型、多种多样的展示和传承活动。各地文旅部门组织的"非遗过大年，文化进万家"等活动，推动非遗保护和节日文化传承深度融合，在全社会形成了广泛影响。

以创造性转化、创新性发展为驱动，创新节日形式。老陕性情、关中民俗、传统美食、乡愁思念、创意青春……袁家村在春节期间，以"五味"打造经典民俗节日活动，"吃、住、行、赏、玩"等深度体验吸引了八方游客。调研发现，文化旅游和文化产业已成为传承节日文化新的增长点。2021年，文化和旅游部中外文化交流中心、海外中国文化中心、驻外旅游办事处共同主办的2021年"天涯共此时——中秋节"全球统一品牌活动，推动传统节日欢乐祥和的气氛跨越国度。传统民俗节日成为各地新的打卡热点，文创、文旅、手工等新经济形式成为传承传统民俗节日的重要推手。

结合数字乡村建设，由农业农村、网信、文旅等部门牵头，以数字化方式传承传统民俗节日。伴随5G和数字时代的到来，数字基础设施建设成为乡村文化发展、传统节日传承的必要基础。数字网络触角的延伸，使得传统民俗节日传承得以享受发展红利。如不少地方发展起与民俗节日相关的乡村手工艺品电商，以线上文化传播活动"带货",带动产业业态进一步拓展;一些互联网公司推出"村播""春耕"等计划,支持农村非遗和民俗类产品线上销售。

创新路径:民俗节日传承与乡村振兴有效结合

"商人重利轻别离,前月浮梁买茶去。去来江口守空船,绕船月明江水寒。"唐代诗人白居易名篇《琵琶行》中的"浮梁"位于江西省东北部,这里的瓷茶文化已有上千年历史。春节期间的云村晚、汉服秀,清明节期间的"茶瓷对话""开山节",端午节期间的沧溪风华录、露营大会……浮梁县借助其"世界瓷都之源,中国名茶之乡"的文化底蕴,举办一系列活化传承、推陈出新的民俗节日活动,不仅带领游客体验历史文化风情和优美生态环境,也打造了乡村振兴新业态。

在佛山市南海区西樵镇,书香金瓯、文武岭西、古韵简村、和善百西、淳和新河……美丽文明村居建设为新时代文明实践注入活力。

党的十八大以来,全国各地在挖掘和打造传统民俗节日文化传承实践中,不断探索乡村振兴新思路。

价值引领型。有些地方对传统民俗节日文化的价值内涵进行深入挖掘;有些地方将民俗节日文化与红色文化紧密结合,以乡村振兴实践为传统节日文化注入红色基因。这些方式推动传统民俗节日助力培育乡村文明风尚,为社会主义文化建设提供精神力量。

社会治理型。有些地方注重节日文化建设和社会建设相辅相成;有些地方统筹协调、科学规划、整合资源、形成合力、打造品牌,共同服务于乡村振兴。这些都发挥了传统民俗节日文化所内含的文化治理功能。

人才创意型。乡村振兴,关键在人。浮梁县推行"乡创特派员"机制,发动一批企业家、创业者、社会工作者等,与农村基层组织共谋发展,激活在地的自然与文化资源,共建人文乡村。有些地方充分调动农民的积极性、主动性、创造性;有些地方注重发挥外来人才的价值和作用,促进城市与乡村在交流中相互形塑。

产业转化型。袁家村、南海区、浮梁县等地均立足各自的特色民俗文化,激活文化产业新动能,实现一、二、三产业融合发展。有些地方以文创赋能,丰富传统民俗节日文化内容,创造乡村新IP,打造乡村文化新品牌。有些地方以发展壮大集体经济为牵引力,对内开展群众工作、凝聚共识,对外承接各类市场主体,实现产业可持续发展。文化创意为传统民俗文化赋予了新的时代内涵和现代表达形式。

存在问题:文化治理、创新转化有待提升

不少传统节庆仪式复杂、技巧性高,却无法带来较高的经济收益,年轻人不愿意学习和参与,导致节庆活动渐趋老龄化;许多特色民俗的教学、宣讲、交流等活动,投入颇多,传播力影响力却十分有限;一些节日的仪式还存留封建迷信、重男轻女等不良观念,如何去粗存精,做到现代文明风尚与传统民俗的平衡成为必须重视的一大问题……传统节日和其中蕴含的民俗文化已经融入群众日常生活,但其传承和弘扬依然存在瓶颈,亟待解决。

文化治理功能有待进一步强调和凸显。眼下,民俗节日文化虽

做到了与基层社会治理相结合，其传承与弘扬却依然面临乡村空巢化、留守化等难题，村庄组织力不足、基层统筹规划力不足也是必须面对的现实。如何发挥民俗节日文化的基层治理功能，激发群众主体性，协同部门联动，调动基层人才主动性，值得进一步探索。

民俗节日文化的活化和转化程度不高。目前，大多数地方的民俗节日主要是与文旅相结合，在创造性转化和创新性发展方面缺乏新思路，缺少激活乡村自身资源要素的创意。特别是其对青年人才的吸引力还有待提升。在"Z世代"主导新国潮的背景下，传统民俗节日的表达和呈现如何进一步吸引年轻人，得到他们的关注、参与、认可，推动民俗节日文化真正"活"起来，还需破题。

传承弘扬民俗节日文化需要因地制宜。传统民俗节日文化的传承和弘扬，常常出现"一个模式、高度同质"的状况。各地政府在实践中需进一步强调差异化和地方特色，也需探索如何在推动当地经济社会发展的同时，保留地方文化风貌、关照各民族群众心理。

发展方向：创新民俗节日传承，服务乡村文化振兴

发挥政府的引领作用，推动战略协同、部门联动，明确乡村振兴部门文化职能。将民俗文化融入党史学习教育、新时代文明实践、中国传统节日振兴工程、非物质文化遗产保护工作和文明乡村/美丽乡村创建等工作中。建议成立县级以上民俗文化活动领导小组，整合部门力量，优化资源配置。明确农业农村部门的文化职能，将民俗节日文化纳入农业农村部门绩效考核指标体系，建立农业农村与文旅部门分工协作机制，提升农业农村部门对文化治理的认知和

管理水平。

扶持社会力量,培育在地组织,共同服务乡村文化振兴,推动城乡融合。广泛动员志愿服务、企业、媒体等社会组织和力量参与乡村文化振兴。发挥"专精特新"的中小微企业和社会机构的积极作用,把新理念、新形式、新内容和新玩法引入乡村,以"滴水穿石"的方式,共同探索民俗节日文化传承和乡村文化振兴的新模式。鼓励、支持和引导乡村当地的文化类活动团体参与文化的传承弘扬,提升乡村组织力和社会活力,助力乡村组织振兴。

打造具有示范意义的民俗文化节和民俗文化示范基地。可在全国有显著民俗特色的地区打造多个民俗文化节,据此创建一批具有地方特色的乡村文化示范基地。在全国各地发起"传承弘扬民俗节日,推进乡村文化振兴"主题活动周。由国家乡村振兴局认定和支持一批典型示范,或建立有关民俗节日文化传承弘扬的国家级案例库、课程培训体系和大数据共享云平台。借助乡村民俗节日文化大数据共享云平台,激活各方主体的主动参与意识,为乡村文化振兴提供信息服务。开发相应课程,帮助基层干部和群众转变观念、积极投身其中。

以文化产业推动传统民俗节日文化的创造性转化和创新性发展。以文化创意赋能传统民俗节日文化,焕新、唤醒乡村传统文化,增强审美韵味,培养美育意识。以民俗文化推动研学、特色民宿、沉浸式体验、亲子互动、国风国潮、健康养老等文旅业态提升。以数字化等现代科技让传统民俗节日文化"活起来",推进乡村旅游从单一观光向数字化、沉浸式、互动性等方向多元化发展。

民俗润泽乡间　　激活振兴力量

推动建立乡村文化振兴指标体系。将传承弘扬我国传统民俗节日文化的落实情况、相关效果纳入基层政府绩效考核指标体系，真正实现有力有效、常态化推动。可从人才评价、活动内容、产业提升、媒体传播等多个维度评价乡村文化振兴工作的机制有效性，发布乡村文化实力年度指数，完善乡村文化振兴评价机制。

《光明日报》2022年3月24日第7版

拓展阅读

重视乡村工匠在非遗保护中的重要作用

魏 鹏

乡村工匠作为扎根乡村、掌握传统技艺、提供当代产品的乡村手工业者、传统艺人，是传承非物质文化遗产的重要载体和有生力量。

国家乡村振兴局、教育部等八部门联合印发《关于推进乡村工匠培育工作的指导意见》，为乡村工匠的制度性培育、持续发展提供了全面而切实的方案。在全面推进乡村振兴、传承中华优秀传统文化的背景下，身怀高超技艺、植根乡村沃土的乡村工匠群体有了大有可为、大展身手的广阔天地。充分发挥乡村工匠优势特长，不仅是做好非物质文化遗产系统性保护的必然要求，也能更好满足人民日益增长的精神文化需求。

要守护传统，更要勇于创新。传统手艺要薪火不息、生命不止，就不能故步自封，更不能抱残守缺。唯有实现产品类型与功能创新，才能更好满足现代人日常生活新需求；唯有实现制作技艺与工具创新，方能提高产品品质与生产效率；

> **拓展阅读**
>
> 唯有实现产品形态与包装创新，才能更适应大众化推广与多渠道销售要求。应借助现代科学方法和手段，全面、生动记录和科学分析乡村工匠技艺中的丰富科学原理与技术内涵，不断研发新产品、引致新需求。此外，还要探索数字化、智慧化、网络化为乡村工匠加持的路径与方式，让现代技术为传统技艺插上腾飞的翅膀。
>
> 　　要精于生产，更要适应市场。精于工、匠于行的技艺，是乡村工匠的底气与底色，但乡村工匠不应是曲高和寡的孤芳自赏者，而应是充满人间烟火、饱含故土味道的实际产品、具体价值的创造者。他们提供物质产品，服务田间耕作，满足寻常百姓吃穿住用、农事劳作之需；他们提供文化产品，承载中国人的审美情趣、精神追求、伦理观念，满足人们对故土乡愁的依恋与想象；他们提供场景产品，以富有韵味的工作过程、制作场景提供充满历史感的生产与生活氛围，构建古今对话，增添大地的家园感，成为一种充满仪式感、满足旅游需求的场景。要在民众的生产生活中进一步诠释和丰富乡村技艺的实用价值与艺术价值，提高满足乡村生产、满足城乡居民生活需要的实用性，不断拓展各类电子商务平台营销渠道。
>
> 　　要潜心钻研，更要引领乡亲。乡村工匠的技艺并非

> **拓展阅读**

"养在深闺人未识"的藏品，而是历史沉积下的社会共同财富，除法律框架内的知识产权保护外，都可转化为社会共有的公共产品、成为乡里乡亲的共同财富。乡村工匠也只有在带着乡亲实干、领着乡亲致富的进程中，才能最大限度实现个人社会价值。此外，在更广泛地引领群众、依靠群众的过程中，也将激发群众无穷的创新创造活力，进而推动乡村技艺不断创新发展，让乡村手艺真正转变为推进农民增收致富的工具和路径。特别是通过技能培训、分工协作、合作组织等方式，充分带动乡村中老年人、妇女、残疾人等参与到乡土产品的生产中，将留守者转变为人力资源，将受助者转变为财富的创造者，不仅助力乡亲增收致富，更利于乡邻和谐。

要扎根乡土，更要面向世界。乡村工匠植根乡土，受乡土滋养，传承本土性技艺，利用本地资源，满足邻里需求，留存乡愁乡韵。乡村工匠也要放眼世界，秉持兼收并蓄、开放包容精神，在交流互鉴中增强乡村手艺的生命力与市场适应力。积极通过学习、借鉴，丰富并提升工匠产品品类、品质，塑造品牌。同时，大力推进乡村工艺旅游产品，聚集乡土人气、财气、智气。乡村工匠更应大胆走出去，以美为媒，充分展示乡土景象，展现可亲可敬可爱

> **拓展阅读**
>
> 的中国形象。还可以积极参加各类展销会、博览会,利用短视频、直播等新传播方式,多渠道、立体性展示乡村工匠传承久远的手工技艺,激活人们的"老家"记忆,激发乡愁乡情,增强乡村产品、乡村生活、乡村生态对当代人的吸引力、感召力。

17

沉浸体验非遗　文化润物无声

韩　旭　刘志中

传播：展精美风貌，讲精彩故事

2022年北京冬奥会和冬残奥会期间,"冰墩墩""雪容融"受到热烈追捧。因为一墩难求、一融难求,广大人民群众积极开动脑筋,或动手绘制,或手工制作,通过自己的双手实现"墩自由""融自由"。与此同时,大量非遗传承人在尊重知识产权的前提下,或画、或剪、或雕、或刻、或捏、或绣,用传统工艺呈现各式各样的"冰墩墩""雪容融"形象,展示非遗风采,讲述非遗故事。

非遗遇上"冰墩墩""雪容融",这无疑是一次让非遗走上更大舞台的良机。对于一些关注度相对有限的非遗项目来说,如果能在全民制作"冰墩墩""雪容融"的秀场上做出亮点、崭露头角,在"命题作文"中展现出独特的精美风貌,其传播效果可想而知。

沉浸体验非遗　文化润物无声

"非遗传承人用两厘米核桃雕冰墩墩""非遗传承人巧手剪出雪容融""当冰墩墩遇上山东非遗"……微博上，非遗与"冰墩墩""雪容融"碰撞的相关词条引人关注，核雕、木雕、剪纸等特色非遗各展风采，非遗借力冬奥"顶流"走上"破圈"之路。

在新型传播媒介飞速发展的今天，适应和探索新的传播路径至关重要。相关传承人既要被动借力，更要主动发力。在"冰墩墩""雪容融"火爆之时，推出相关作品，本质上是一种蹭热点的行为，蹭好了事半功倍，蹭不好也无伤大雅。但是借力热点吸引年轻人的关注只是第一步，更重要的是要通过打造品牌传播项目、开展展示展览活动讲好非遗精彩故事，进而推动非遗的传承与保护。

具体来说，非遗相关主体不仅要紧跟时代大潮，把握历史机遇，结合"文化和自然遗产日"、传统节日、中国成都国际非遗节、中国非遗博览会、中国原生民歌节、全国非遗曲艺周等重大活动，开展非遗展览、展示和展演活动；还要主动适应媒体融合趋势，利用好微博、微信、短视频、直播、微短剧等各种形式，拓展非遗传播渠道，策划推出体现非遗内容的宣传片、纪录片、公益广告等，促进非遗项目得到更广泛的认知认可。

体验：画脸谱勾泥虎，制蜡染打银饰

某女团走进四合院里的非遗博物馆体验非遗文化的视频，登上微博热搜。视频中，她们分为两组，分别体验脸谱和泥叫（啸）虎两种非遗项目。基本过程是，先由老师讲解非遗知识，再指导她们进行"创作"。如脸谱，首先介绍脸谱是"中国传统戏曲演员脸上的

绘画，用于舞台演出时的化装造型艺术"，并讲解红色脸象征忠义、耿直、有血性，黑色脸代表正直、无私、刚正不阿，等等，还有红黑白黄几种颜色各自的代表人物，然后再指导她们在绘画中体验脸谱的真正魅力。

这段视频可以说是当前线下非遗体验的一个缩影。从关注非遗到主动了解，再到近距离体验，人们对非遗文化的兴趣早已从远观发展到了近品的阶段，非遗体验正在成为一种新潮流、新风尚。

在文旅融合不断深化的当下，越来越多的群众以旅游方式频繁走进文化景区和文化场所，参与非遗传承和文化传播，旅游需求从"看热闹"向"看门道"转变。例如，在贵州丹寨非遗小镇，游客到此不再满足于走马观花、拍照留念，而更倾向于通过自身的深度体验读懂非遗背后蕴藏的文化内涵。走上小镇街头，"混进"壮观的苗族巡街队伍，很难不被那种欢乐的氛围所感染，伴着民族乐器的节奏，也会情不自禁地跟着舞动。他们的服饰、头上的银饰，每个都大有学问，只看热闹是不够的。因此，不少游客不仅租来盛装融入队伍，还会主动询问服饰、头饰之间的差别，开启探秘之旅。热闹之后，游客还可以走进体验店，画脸谱勾泥虎，制蜡染打银饰，自己动手做非遗宝物，怎么看怎么美，再看看手艺人的成果，对比之下，也会更觉非遗之精妙处。扎染、鸟笼制作、银饰打造、古法造纸等，走进非遗，不仅会发现其美其妙，更会被其背后的文化内涵所打动，为之流连忘返。真可谓，入眼的是风景，入心的是文化文明。

正因如此，我们还要进一步处理好非遗保护与旅游开发之间的关系，在有效保护的前提下，推动非遗与旅游融合发展。支持利用非遗馆、传承体验中心、非遗工坊等场所，培育一批非遗旅游体验基地。推出一批具有鲜明非遗特色的主题旅游线路、研学旅游产品和演艺作品。通过支持非遗有机融入景区、度假区、旅游休闲街区、特色小镇，鼓励非遗特色景区发展等带动更多游客在体验中爱上非遗，感受非遗文化的浸润。

进校园：特色课程，兴趣起点

当前，越来越多的大中小学已开设或者正在陆续开设非遗相关课程。非遗进校园正在为非遗的未来铺设光明之路。

推动非遗传播，发展非遗体验，有利于引导社会各界关注非遗，知非遗之美，并知其所以美。而非遗进校园则是培根铸魂的事业，确保非遗文化生生不息的重要抓手。

经过多年发展，非遗进校园活动成效显著。一方面有效发挥了非遗传承人的作用，为非遗传承在青少年一代中的开展提供有力支撑，逐步解决了学徒难寻、传统工艺无人问津的问题；另一方面丰富了学生的校园生活，非遗特色课程成为学生的兴趣起点。随着非遗进校园的日益深入，除了培养兴趣，传承技艺，审美鉴赏、理论分析等也得以发展，非遗进校园逐渐迈向一个理论与实践深度融合的新阶段。

2022年全国两会期间，不少代表、委员谈到了非遗传承保护，尤其是在"双减"政策背景下，对非遗进校园提出了更多建设性意见。例如，进一步在制度层面打通、完善并规范、引导非遗进校园的专业路径，在严把"入校关"的前提下，推动非遗丰富孩子们的课后生活、推动非遗进课堂等。他们在摸索中实践，不断推动非遗进校园发挥更大作用。

　　这也启示我们要从多方面进一步推动非遗进校园。比如，在义务教育阶段，开设"乡土教育"课程，鼓励地方根据实际情况组织编写非遗教材，根据学校实际情况，定期开展知家乡、爱故土、懂非遗、传文化的综合性兴趣培养与切实性乡情教育等；又如，在一些高等院校尤其是地方性大学，结合"特色学科"和"特色专业"的设置与建设，聘请非遗传承人进校园、上讲台，并在"民间派"传承人与"学院派"教师的优势互补中探索特色发展之路。

　　非遗作为中华优秀传统文化的重要组成部分，是一座取之不尽用之不竭的精神富矿，非遗体验快乐满满，非遗文化润物无声。

《光明日报》2022年4月6日第13版

拓展阅读

非遗剪纸："守正"是传承与创新的底线

罗雨林

近年来，在剪纸非遗界，刮起一股"创新现代剪刻纸"之风，脱离中国传统民间剪纸基因和语言，推销"去民间化"的所谓专业"西洋化""绘画化""机器化""商品化"等创作理念，一时造成剪纸非遗界在传承与创新关系等理念上的混乱。对此，我深感不安。作为从事抢救研究非遗一辈子的专业研究者，我想就此谈点自己的意见。

"民间"是非遗的底线

据非遗有关文件规定，当代非遗传承人的职责首先是坚持在"民间"。守护住"民间"这条正道和底线，才能进行传承与创新。舍弃"民间"的所谓"创新"，是一种舍本逐末、本末倒置的错误做法。

为什么这样说？因为包括非遗在内的一切民间文化遗产，它们都是在民间这块沃土上培育、盛开的鲜花，是中华

> **拓展阅读**

文化的源头活水和母体文化。与精英文化不同，非遗是完完全全由民间普通劳动者创造，又由他们代代相传、不断创新留下的成果。如果我们抛弃了"民间"这条底线，非遗等民间文化就会异化。

"守正"是传承的根本

非遗剪纸的传承，首先应强调"原汁原味"地、"真实无误"地、"全面系统"地"传承"，而不是"创作"。这种整体性的传承是守正的真正含义，也是传承的头等任务。

传承要守的"正"是什么？它不是泛指一般的艺术创作规律，而是非遗传承的规律。传承要"传"的是什么？有人认为，传承就是把自己的手艺教给徒弟、学生，传给下一代。这种认识过于片面、简单。所谓"原汁原味"传承，不仅仅是技艺，更多的是一种艺术精神，是把历代相传的技艺和图样等"不走样""不变味"地复原传下去，这是最重要、最根本的。

例如，潮州剪纸拥有许多巧夺天工的技法：罗瑞瑜剪（刻）公鸡鸡冠，独创了暗刀法，又称压刀法，能造成浮雕似的立体感；杨雪友剪公鸡、丹凤，在羽毛处理上则创造了独具匠心的技艺手法——用特小的剪刀进行"切丝"（锯齿

非遗剪纸："守正"是传承与创新的底线

| 拓展阅读 |

状刀法）；李木林也创造了"双面一样花"的技法……他们创造的技法里，深藏着的敬业精神和智慧，都是当下剪纸不能丢弃、必须传承的灵魂和生命。

此外，剪纸一定要强调剪刀的力量。剪纸是剪（刻）刀与纸张的交合与分离而形成特定语汇的艺术。剪刻作品时，画稿仅起构图布局作用，真正的"形""势"及节奏和张力，其实取决于作者剪（刻）刀走过的痕迹。无论是填色、衬色或染色，都不能掩盖剪（刻）刀的主要功能作用，更不能用画笔代替剪（刻）刀，用绘画的语言叙说剪纸。前辈在历代创作实践中总结出不少经典的纹样，如"月牙""锯齿""漩涡""鱼鳞""米粒""祥云"等。这些程式化的符号，烙下了剪刻纸艺术走过的历代传承与创新的印痕，也是潮州剪纸艺术的特质，是传承时必须守住的正道。

潮州剪纸老师傅常说：剪一张纸，是小孩子都会的事，也很容易学会基本剪法；但若要熟练掌握，则非要相当时间不可；倘若要进一步掌握传承创作，则需要"技"与"艺"的巧妙结合和想象力的无边无界。过去老奶奶剪"花"，各式各样，你爱什么，她就能剪什么，信手剪来，栩栩如生，就是因为她们已将技与艺融为一体，化入血液。

> **拓展阅读**

"创新"是守正的发展

运用民间思维，立足乡间水土，在传承中创新，在创新后传承。守正而后创新，这是非遗传承发展之路，历代剪纸艺人都是沿着这条路行走的。

"供品花"，是潮汕地区民俗中作为装饰供品的剪纸，是一种表现形式独特的剪纸类型。这种剪纸源自民间游神赛会习俗，是潮汕地区广大农村劳动妇女代代相传、历经千锤百炼的杰出创造。在配合迎神赛会活动中，从最初用实物供品作拜祭，到运用简单剪纸作装饰，再到改进成复杂优美的剪纸，"供品花"的传承发展就是守正创新的最好写照。

在千百年来的传承中，艺人们在继承前辈精髓的基础上，不断修改补充，精益求精，把技艺锤炼得越发精绝超凡。流传至今的经典图谱，多随物像而剪饰，呈现出题材内容和表现形式的多样性。可以说，凡是能用作祭拜的水果供品，艺人们都可别出心裁地创造出适合它的水果供品花。既有中秋拜月用的，也有时年八节、敬神拜祖用的，还有婚嫁习俗中用的，可谓异彩纷呈，花样奇绝。这些供品花艺术构思都源于生活，非常精妙。其造型简洁灵活，都是按照附物随形的创作手法进行布局结构的，是历代潮汕妇女们集体守正创新的成果。

18

连接现代生活，把非遗的奇妙展现出来

王石川

刚告别国际博物馆日，又迎来"文化和自然遗产日"。尽管距离 2022 年的"文化和自然遗产日"尚有时日，但有关部门已开始预热，各种宣传展示活动先声夺人，渐次揭开面纱。据统计，全国各省（区、市）在 2022 年遗产日期间将举办 6200 多项非遗宣传展示活动，其中线上活动 2400 多项。

"连接现代生活　绽放迷人光彩"，这是 2022 年"文化和自然遗产日"非遗宣传展示的活动主题，很时尚，也富有动感，特别是跟现代生活相连接，也多了一份亲和力。我国非物质文化遗产种类多、数量多，共划分为十大类：民间文学、传统音乐、传统舞蹈、传统戏剧、曲艺、杂技与竞技、民间美术、传统手工技艺、传统医药、民俗。可以说，涵盖了方方面面，也覆盖了全国各个省份，但在一些人眼里，不知道非遗究竟"离我是近还是远"？说远吧，几乎触目皆是；说近吧，却不知其奇妙所在。

多年前，笔者曾参观某个"非遗之乡"，当地的苗族蜡染、古法造纸、苗族锦鸡舞等项目名列国家级非物质文化遗产保护名录。走近它们，尽管心生敬畏，有一种悠久文化穿越时光展现在眼前的感觉，但由于缺乏专业知识，仅凭肉眼是无法知其妙处的，只能默默感慨。后经专家介绍，并经传承人现场演绎，方对它们的不同凡响知晓一二。

都说非遗好、传承非遗有意义，但是，好在哪里、怎么个好法，其价值所在，都应详细告诉大众。一定程度上说，非遗的生命力，既取决于它自带的光环，以及岁月赋予它的沧桑，还取决于它能不能被人们接纳。而要为人们所接纳，就要展现其独特的精妙之处。很多非遗的神奇是看不出来的，再加上它们长久地生存在某个区域，更不具备广泛性，也就更需要走出深闺，走向更为热气腾腾的人间。

由此联系到2022年"文化和自然遗产日"非遗宣传展示的活动主题，非遗当然是有迷人色彩的，但是只有"近人"，才能"迷人"，只有更紧密地连接现代生活，才能绽放更大的光彩。这种连接，不是简单地生贴硬凑，也不是为了凸显生活气息而胡乱改造，而是为了找到跟现实对话的接洽点，挖掘它与现代生活相融合的交集。如果非遗孤芳自赏，就很难活起来，即便经过"输血"救治也难有持续性生命力。

2022年，一些网络平台推出的"赏中国精彩技艺""非遗藏品季""焕新非遗计划""非遗奇遇记"等主题活动，向大众展示传统美食、传统手工艺、传统音乐等丰富非遗资源，让更多人关注、了解生活中丰富多彩的非遗和生动的非遗保护实践。可以想象，这些活动本身是有意义的，但是光有意义还不够，应尽量有趣些，尽量转变文本、转换表达方式，以期在新的话语表达和形态创新中，带给受众不一样的感觉，让大众看后啧啧称道，不知不觉中生发出拥抱非遗、热爱非遗的念想。

进而言之，无论政府活动还是民间活动，主打非遗牌都不能老气横秋，更不能唱唱高调走过场，要瞄准大众兴趣点，越走心就越有效果，让受众参与性越强就越能提升人气。

非遗是一种生活文化、活着的文化遗产。其实，非遗本身就来自民间，融入先民的智慧和创造，它们是属于人民的，没有理由不回归大众。更何况一些非遗还承担着巩固拓展脱贫攻坚成果、推动乡村振兴的使命，也就更需要接地气。接地气不会掉价，变得大众化不会变得庸俗，找到更多连接现代生活的好办法，只会让非遗更有活力。

《光明日报》2022年6月6日第2版

拓展阅读

创新促进非遗与旅游深度融合发展

宁志中

非物质文化遗产是中华优秀传统文化的重要组成部分，是中华文明绵延传承的生动见证。推动非遗与旅游融合发展，能够为旅游业注入更富吸引力的文化内容，促进旅游业更好发展；能够在旅游中进一步提高非遗的可见度、影响力，促进非遗的传播和合理利用，对于延续历史文脉、坚定文化自信、建设社会主义文化强国具有重要意义。

非物质文化遗产是旅游的优质资源，旅游是传播非遗的重要渠道，两者融合发展有着深厚基础和广阔前景。推进非遗文化创造性转化和创新性发展，展示非遗时代魅力，彰显非遗时代价值，既是非遗与旅游深度融合发展的目标，也是二者深度融合发展的路径。因此，非遗与旅游深度融合发展必须坚持守正创新，强化非遗的四个转化，形成非物质文化遗产的旅游化溢出效应。

一是资源转化创新。推动非遗与旅游深度融合发展，首先要在守正的前提下，将非遗这一文化资源转化成旅游资

> **拓展阅读**
>
> 源。非物质文化遗产是指各族人民世代相传并视为其文化遗产组成部分的各种传统文化表现形式,以及与传统文化表现形式相关的实物和场所,包括语言、文学、美术、音乐、舞蹈、戏剧、手工技艺等多种类型。非遗蕴含丰富的科学、技术、文学与艺术价值,是"天然""优质"的旅游资源。推动非遗资源的旅游转化,必须坚守非遗的内涵,挖掘非遗的时代价值,创新非遗资源转化路径与形式,充分体现非遗的文化和旅游"双重资源"特征,发挥非遗类型丰富、数量庞大的文化大国优势,为新时代非遗创新性保护传承和旅游业高质量发展提供坚实基础。
>
> 　　二是场景转化创新。非物质文化遗产是先辈在劳动、生活中产生的对忧乐、生死、婚配、祖先、自然、天地的敬畏与态度的表达,在历史的长河中自然生成又不断发展流变,代代相传的非物质文化遗产一直处于创新发展过程。随着社会经济与科学技术的发展,很多非遗存在的条件发生了根本变化。因此,推动非遗与旅游深度融合发展,必须强化以人为本的活态文化遗产特征,加强非遗的旅游化场景转化创新。因应时代需求变化,突出非遗的"非物质属性"的同时,突破物质形态的樊篱和局限,创新非遗展示、解说、演艺、体验等场景和非遗+景区、度假区、乡村旅游、研学

> 拓展阅读

旅游等融合发展方式,"原汁原味"地表达非遗的内涵,形成丰富多彩的旅游休闲产品,让人们在旅游休闲过程中,真实地了解、理解优秀传统文化,增强人们保护传承非遗的参与感与认同感、自觉性与主动性,以此传承非遗所蕴含的宇宙观、天下观、民族观、自然观、历史观、社会观、道德观等。

三是商品转化创新。非物质文化遗产生成于先辈们的生产、生活,记录生产生活方式、风俗人情、文化理念等,刻画了丰富的民族性、地域性、行业性的技艺、经验、精神等文化基因,也形成了多彩的物质性产品。推动非遗与旅游深度融合发展,必须从"样式土""形态笨""功能弱"中深入挖掘非遗蕴含的手工技艺、审美理念等中华文化基因,结合当今消费与技术变化,强化非遗的商品转化创意创新。推动以"国风潮"为主题的文创设计,以此丰富旅游商品、纪念品体系,增强旅游商品的文化内涵,充分展现非遗的文化魅力,激发非遗传承活力。

四是机制转化创新。在现代化、科技化的冲击下,非物质文化遗产的脆弱性不断凸显。与旅游深度融合发展不仅是推进非遗创造性转化和创新性发展的重要途径,也是加强非遗保护的一种主动选择。因此,推动非遗与旅游深度融合发

> **拓展阅读**

展，必须在深入落实代表性项目制度、代表性传承人制度、区域性整体保护制度、传承体验设施体系、理论研究体系等保护传承制度基础上，强化非遗与旅游融合发展的机制创新。重点加强非遗与旅游融合发展过程中涉及的场所许可、项目投资、再创作与产品研发、创业与从业人员扶持等机制创新，统筹推进非遗研究、保护、传承、利用、传播等工作，形成政府主导、市场参与的主动保护与发展局面。

非物质文化遗产是以人为核心的活态遗产。坚持古为今用、推陈出新，才能更好地保护和传承中华优秀传统文化。创新推动非遗与旅游深度融合发展，不仅可以促进旅游业高质量发展，丰富人民精神文化生活，彰显非遗时代价值，也是讲好中国故事、传播好中国声音，不断提升国家文化软实力和中华文化影响力的重要任务。

19

普及传统音乐 凝聚文化认同

陈 乾

"山歌勿唱忘记多,搜搜索索还有十万八千九淘箩……"原生民歌产生于我国各族人民的生产生活实践,在民间广泛流传,洋溢着浓郁的乡土气息和民族风情,记录着时代变迁和劳动人民的心声,成为普及传统音乐、凝聚文化认同的活教材。

正如著名音乐学家、非物质文化遗产保护专家田青所说:"真正的民歌是老百姓世世代代口口相传的,是经过一代又一代的丰富和润色的,所以真正流传到今天的民歌是字字珠玑,因为它凝聚了人民集体的智慧。"20世纪以来,波澜壮阔的社会变革赋予民歌新的主题,也使其在流传过程中经过多重加工和润色,生动记录和反映着社会变迁,表达着人民对祖国大好河山的热爱和对美好生活的向往。例如,新民主主义革命时期和社会主义革命和建设时期涌现出

普及传统音乐 凝聚文化认同

一批口耳相传的经典曲目，这些作品吸收传统民歌的曲调，配以白话新诗加工而成，唱遍全国。由江西兴国山歌改编而成的《苏区干部好作风》，由江西瑞金民歌《十月怀胎调》改编而成的《十送郎当红军》，取材于传统山东民歌的《沂蒙山小调》，以及依照陕北民歌《骑白马》曲调改编而成的《东方红》等，都属此类。它们将宣传革命主张和展望革命未来联系在一起，呈现出革命的乐观主义精神与浪漫主义特色。除了加工、移植或改编的手法，现当代不少妇孺皆知的名作也都从民歌中汲取了创作养分，如吸收湖南民歌元素创作而成的《挑担茶叶上北京》《洞庭鱼米香》，吸收汕尾渔歌元素创作而成的《在希望的田野上》等。它们唤起了无数中国人的乡愁。

随着国家政策扶持的不断深入，原生民歌的传承有了更加牢固的社会基础，其内容越来越多地呈现出与国家大事、党群关系、民族团结等相关的当代元素。例如，在波澜壮阔的脱贫攻坚战中，多地将党的扶贫政策唱进了群众心中……时代赋予民歌新的内容，也昭示着民歌与时俱进的强大生命力。

党和国家高度重视民歌等非物质文化遗产的传承发展。对包含原生民歌在内的传统音乐保护工作，从新中国成立初期便已启动。目前，已经有河曲民歌、兴国山歌、傈僳族民歌、梅州客家山歌、陕北民歌、临高渔歌、茅山号子等众多民歌项目入选国家级非物质文化遗产保护名录。国家对原生民歌的传承保护也从原生民歌节会活动的宣传展演，拓展到对传承人、传承班的重视与扶持。

近年来，全国各族人民文化自信明显增强，对传统文化关注度显著提高。不少年轻人打破对原生民歌"土""俗"等刻板印象，产生了更大的兴趣去欣赏、学习。

  拓宽原生民歌在民间活态传承的路径，是当下应有的努力方向。经实践检验，有效路径至少包括如下三点：一是加强数字档案资料的建设与普及工作，记录并保护原生民歌的纯正性，为后世的传承发展提供契合审美原则的方法；二是与群众日常生活产生连接，为"就近传承"创造条件，以原生民歌活动推动文化认同，打通政府、社会和学校传承通道，促成三位一体的民歌传承机制；三是深挖原生民歌与文旅产业融合的潜在价值，使其成为一种可被挖掘利用的新型文化资源。

《光明日报》2022年8月10日第7版

拓展阅读

黄土地唱出的陕北民歌

张天彤

"羊（啦）肚子手巾（哟）三道道蓝，咱们见（啦）面面容易（哎呀）拉话话难（呐）。

一个在那山上（哟）一个在那沟，咱们拉不上那话儿（哎呀）招一招手。

我瞭（啦）见那村村（哟）瞭不见（那）人，我泪（格）蛋蛋抛在那沙蒿蒿林（呐）。"

每当听到这首陕北的信天游《泪蛋蛋抛在沙蒿蒿林》，我的眼前便会浮现出那广漠无垠的黄土高原，凝固如波的贫瘠山梁，纵横起伏的蜿蜒沟壑，以及那有别于江南的塞北田野村庄。在这地瘠人贫的黄土地上，劳动人民将心里的所有情感都揉进一首首旋律中。那凄凉苍茫的音调，穿越了千沟万壑，久久回荡在时光隧道，连绵起伏，凄然恢宏又深藏沉郁。听那回环曲折、肝肠寸断的歌声，可以瞬间感受到扑面而来的黄土气息和历史温度，凡歌者和听歌者无不为之而动容。

都说民歌是一种文化，是一种由无数代、无数人"感于

> **拓展阅读**

哀乐、缘事而发"所创造的文化,这种文化的本质归根结底是一个字——真,意即真人、真心、真情、真意。诚如明代文学家冯梦龙所言,世上"但有假诗文,而无假山歌"。作为中国被采集最早、数量最丰厚、影响力最大的代表性区域民歌之一,陕北民歌是游牧文化与农耕文化长期融合的产物,是世世代代生活在黄土高原上的劳动人民用拦羊的嗓子、回牛的音腔吟哼喊吼出的山野里巷之曲。陕北人民的生存处境为陕北民歌着上了浓重的苍凉、悲情的色彩。

说到陕北民歌,人们便会自然而然地想到信天游,把信天游视为陕北民歌的代名词。事实上,广义上的陕北民歌包括劳动号子、山歌和小调等。其中的山歌指的就是信天游,它是陕北民歌中最具特色的歌种,其数量最多、流传最广。信天游是人们即兴而作、信口漫唱的一种山歌形式,不仅流行于陕北,在邻近的陇东及宁夏东部盐池一带也非常流行。陕北山连着山、沟连着沟,人们在山上劳动,脚夫们赶着牲口,走在险峻的山路上,为了排遣心头的忧愁和寂寞,便触景生情,即兴编唱,用高亢悠长的音调,酣畅淋漓地抒发自己的思想感情,信天游因此得名。正如民间所唱的那样:"信天游,不断头。断了头,穷人无法解忧愁。"

信天游可以分为两种类型。一种类型的曲调高亢宽广、

拓展阅读

起伏跌宕，风格豪放粗犷、回肠荡气，节奏自由悠长，这是由陕北人的性格和演唱的场合所决定的。演唱者常用真假声结合的高腔演唱，时而激越奔放，时而委婉深情。乐曲表现的有亲人别离之悲，也有走西口的相思之情，歌声中也更多地充满了对黑暗世道的愤懑不平，如最有代表性的《脚夫调》中出现连续大跳，通过用高腔演唱将脚夫的愤恨与不满淋漓尽致地表现出来。另一种类型的曲调细腻婉转，音域不宽，节奏鲜明，结构方整。风格较为轻松、明快又不失诙谐，多用于表达爱情内容，也常为妇女劳动干家务或静夜独思时所唱。演唱者多用平腔演唱，如大家所熟悉的《崖畔上开花》(《知道不知道》的前身)，旋律自然流畅、优美恬静，充分表达出恋人之间的无限爱意。

信天游的歌词通常为上、下句结构的两句体。大多采用比兴的手法，一般来说是上句起兴作比，下句点题，即"索物托情""触景生情"。陕北民歌善用方言俚语，"不要害急""不得见面""闪在大路口"这些口语化的语汇充满了乡土气息。陕北民歌中还擅用叠词，"青线线""人尖尖""苦水水""泪蛋蛋"等重叠形式，有着厚重的西北方言词汇特色，妙趣横生，既丰富了旋律，又充分表达了情感。陕北民歌中还常见虚词，使得歌曲更具感情色彩，更能打动人的

> **拓展阅读**

情绪,最为常用的有"这么""那么""哎呀""呀么""哎咳咳""呼咳吆"等。

除了信天游,广义上所指的陕北民歌还包括劳动号子和小调。劳动号子是陕北人民在生活劳动的过程中逐渐形成的歌曲,其内容跟劳动紧密相关,包括黄河船工号子、打夯号子、采石号子、绞煤号子等。小调则指的是流传于陕北地区的民间小曲,包括一般小调、丝线小调、社火小调、风俗小调等。其中,一般小调在这一体裁中数量居多,人们在日常生活中经常哼唱,不受环境和条件的制约,歌者随时脱口而唱用以抒发个人感情。除此之外,广义上的陕北民歌还包括儿歌。

由于历史上的陕北环境闭塞、交通不便,使得当地丰富的民间音乐蕴藏很少被外界了解。直到20世纪30年代红军进入陕北,特别是1938年延安鲁迅艺术学院(以下简称"鲁艺")成立后,当时的鲁艺音乐系师生便开启了收集、记录以陕北为中心的陕甘宁民间歌曲的活动,直接从老百姓口中采录收集民歌,如《拥军花鼓》《刘志丹》《打南沟岔》《秋收》《绣金匾》《东方红》等。虽然当时整理记录下来的民歌数量不多,但其开创意义非同一般,以至于自此以后的陕北民歌不断与时俱进,在各个历

> **拓展阅读**

史时期都有新的经典曲目流传。这些曲目是经过专业音乐工作者的改编加工后在全国产生广泛影响的，其中不仅包括20世纪50年代的《三十里铺》《兰花花》《脚夫调》《赶牲灵》《跑旱船》《走西口》，70年代的《咱们的领袖毛泽东》《军民大生产》《山丹丹开花红艳艳》，还包括90年代以来的《黄河船夫曲》《泪蛋蛋抛在沙蒿蒿林》《上一道坡坡下一道梁》等。经典民歌持续性地出现和广泛传播，也成为20世纪以来陕北民歌中十分奇特的文化现象。源远流长的陕北民歌，是陕北地区劳动人民思想、情感与生活的集中表达，烙印着黄土地上老百姓的人生百态与悲欢离合。陕北民歌以其独特的文化内涵、丰富的审美意蕴、历久的方言曲调、风格的率真粗犷，彰显了陕北文化厚重深邃的历史积淀，映衬出陕北人民的文化血脉与心路历程，也镌刻了中国共产党与新中国诞生的光辉发展历程。

陕北因黄土高原而有着独特的黄土地文化。2008年，陕北民歌被列为国家级非物质文化遗产。陕北民歌不仅是黄河和黄土地的产物，更是黄河文化和黄土地文化的发展和演变，所形成的中华文明已深深根植于每一位中华儿女的精神血脉之中。

20

非遗：社会广泛参与、人人保护传承

杨 玢

2022年9月，非物质文化遗产大型工具书《中国非物质文化遗产大辞典》正式出版，并在"奋进新时代"主题成就展上展出。该辞典编纂出版工作历时6年，500多位非物质文化遗产保护领域专家学者和专业人员参与撰写，31个省（区、市）非物质文化遗产保护中心共同参与组织工作，词条规划和内涵阐释力求全面、客观地反映中国非遗总体面貌，反映中国共产党团结带领全国各族人民保护非遗的实践经验、理论探索和突出成就。

该辞典的编纂出版对近年来我国非遗传承保护工作的大发展进行了系统梳理和总结。如今，"非遗"逐渐成为线上线下的流行热词，透过现象看本质，"非遗"的流行实际上反映了非遗概念深入人心，非遗文化嵌入百姓日常生活的现状，力证我国非遗保护工作取得了长足发展。这些发展进步包括但不限于以下方面。

一是顶层设计为非遗保护指明方向。2011年,《中华人民共和国非物质文化遗产法》颁布实施,为非遗保护传承工作奠定坚实法律基础。颁布至今,相关部门不断完善和细化非遗传承人认定和管理办法、非遗保护专项资金管理办法等,逐步健全配套政策和非遗保护传承体系,推动非遗保护传承工作法治化、规范化。为非遗保护工作的开展指明了方向。

二是宣传引导让非遗保护理念深入人心。非遗是什么？或许很多年前,它在人们心中还只是一个抽象的概念。但是随着"文化和自然遗产日"的设置、相关部门的宣传引导,非遗节、非遗活动、非遗节目、非遗旅游等广泛开展,公众认知已经发生了质的飞跃。非遗在人们心中的形象也越来越具体,越来越有魅力。它是《梁祝》《阿诗玛》这样的传说；它是剪纸、民歌、京剧、相声等各类传统表演艺术；它是陶瓷制作技艺、藏医学、二十四节气等传统技艺、医药和历法；它是民俗,是传统体育,是各类民间游戏。它是中华文明绵延传承的生动见证,是联结民族情感的重要基础。非遗保护理念不断深入人心,每个人都在以自己的方式参与保护传承非遗这项伟大工程。

三是非遗活起来激发无限潜能。近年来,"非遗进校园""非遗在社区"等活动让非遗"飞入寻常百姓家"；"非遗+文创""非遗+旅游""非遗+教育""非遗+直播"等让非遗活起来、火起来,为中国传统文化注入新活力,同时也激发出无限可能。非遗保护与利用工作成效显著。一批珍贵、濒危和具有重要价值的非遗得到有效保护，非遗在满足人民精神文化生活需要、增进民生福祉、推动经济社会高质量发展方面也发挥了越来越重要的作用。

在工业化、城镇化背景下，非遗保护势必面临不同的挑战，同时也会面临更多机遇。如何克服困难、补齐短板，让非遗保护和利用工作取得更大的成绩，我们还需要着力于以下方面。

一是以人才为本，确保非遗传承后继有人。作为一种"活态文化"，非遗是直接依靠人、作用于人的活态传承。非遗这一中华优秀传统文化的创造性转化、创新性发展，其关键也在于人。任何一种文化或技艺，一旦人才断层，就会面临失传的风险。因此，通过政策引导、平台打造和资金扶持，激励非遗名师开展"传帮带"工作，吸引和培养更多年轻人才成为传承人，仍是重要方向。一方面，要进一步完善代表性传承人制度，实施中国非物质文化遗产传承人研修培训计划，进一步提升传承人技能艺能。加强传承梯队建设，促进传统传承方式和现代教育体系相结合，拓宽人才培养渠道，不断壮大传承队伍。另一方面，还要推动非遗进一步融入国民教育体系，加大非遗师资队伍培养力度，支持代表性传承人参与学校授课和教学科研，并引导社会力量参与非遗教育培训，广泛开展社会实践和研学活动，发掘人才、培养人才。传承有人才，非遗就有未来。

二是健全非遗保护传承体系，全面提高非遗保护传承水准。根据《关于进一步加强非物质文化遗产保护工作的意见》的要求，既要继续完善代表性项目制度、代表性传承人制度、区域性整体保护制度，还要完善调查记录体系、传承体验设施体系和理论研究体系。具体到三个体系，开展全国非物质文化遗产资源调查、加强档案数字化建设，有利于推动非遗资源的开发与利用；推动建设非物质文化遗产馆、传承体验中心（所、点）等，集传承、体验、教育、培训、旅游等功能于一体的传承体验设施体系，有利于进一步强化社会广泛参与、人人保护传承的成果；加强非遗研究和学术研讨，有利于形成示范典型，推动非遗保护更好发展。

三是进一步发挥非遗服务当代、造福人民的作用，提高人民群众对非遗保护利用的参与感、获得感、认同感。随着乡村振兴、国家文化公园建设等国家重大战略的推进，非遗在基层社会治理、美丽乡村建设、农耕文化保护、文化根脉传承等方面势必要发挥更重要的作用。非遗不仅有文化属性，而且有经济属性。把非遗保护融入国家重大战略，有助于生动呈现中华文化独特创造、价值理念和鲜明特色。在有效保护的前提下，不妨继续创新探索非遗与旅游的融合发展、高质量发展，通过推出一批具有鲜明非遗特色的主题旅游线路、研学旅游产品和演艺作品，支持非遗有机融入景区、度假区，建设非物质文化遗产特色景区。保护好、传承好、利用好非物质文化遗产，对于延续历史文脉、坚定文化自信、推动文明交流互鉴、建设社会主义文化强国具有重要意义。当非遗与现代生活建立起更加紧密的联系，不断在新时代绽放异彩，并能为越来越多的人带来精神和物质的双丰收，非遗火起来，人人保护传承的局面将会更动人。

《光明日报》2022年11月2日第13版

拓展阅读

让非遗绽放更迷人光彩

王 沛

栩栩如生的济南皮影，声情并茂的山东快书，精致华丽的楚式漆器髹饰技艺，简约精美的苗族蜡染和苗绣……2022年8月，在山东济南召开的第七届中国非物质文化遗产博览会上，全国332名非遗传承人、284个非遗项目参展参演，各地具有代表性的非遗技艺、特色表演通过线上线下方式集中亮相，受到观众青睐。

作为中华民族智慧与文明的结晶，非物质文化遗产是宝贵的精神财富，必须传承好保护好。为此，山东省文化和旅游厅会同22个省直部门出台20条措施，开展全省非物质文化遗产资源调查，全面摸清分布状况与保护现状，分级、分类建立非物质文化遗产档案，进一步提升非物质文化遗产系统性保护水平。

生生不息，薪火相传。积极培养传承人，才能让非物质文化遗产绽放出更加迷人的光彩。为不让技艺失传，黑陶瓦盆制作技艺非遗传承人冯纪臣返乡创业，建起黑陶传习所供

拓展阅读

参观者体验。国家级非遗项目徐州香包省级代表性传承人王秀英已经80多岁了,但她仍奋斗在传承保护前沿,跟着孙女做直播、邀请网友参与设计,坦言"非遗传承有年轻人接力,我也不用担心了"。在弦歌不辍、思接千载的传承中,传统文化的芬芳愈加醇厚。

非物质文化遗产的保护与传承,重在融入现代生活、展现当代价值,涵养文明乡风、凝聚民族精神。在新的时代条件下,促进非遗创造性转化、创新性发展,就要处理好传统与现代、继承与发展、保护与利用的关系。在济南市百花洲历史文化街区,鲁绣、活字印刷、草柳编、泉水豆腐等非遗文化和技艺备受欢迎,现场还有非遗传承人的演示和讲解。为了让非遗更好地融入现代生活,山东将推出一批非遗主题旅游线路,培育一批非遗旅游体验基地,打造一批非遗研学旅游产品和演艺作品,建设一批非物质文化遗产特色景区,用时代精神激发传统非遗新活力。

促进乡村振兴、建设美丽乡村,非物质文化遗产正在发挥独特作用。在山东,有的地方探索"非遗+扶贫车间"模式,依托市场潜力大、带动作用强的非遗项目,让群众实现家门口就业;不少地方建设传统工艺工作站,开设非遗扶贫就业工坊,组织展示展销,鼓励电商平台推介工坊产品。一

> **拓展阅读**
>
> 位树皮画非遗传承人感慨:"从带动几个人到带动几百人,从过去几百元到现在几千元的收入,非遗保护传承给大家带来了看得见的实惠。"
>
> 　　着眼未来,既加强系统性保护,也推进创新性发展,就能让非遗焕发出强大生命力,为增强文化认同、坚定文化自信提供重要的精神支撑。

21

国潮风起　非遗焕新

韩业庭

2022年卡塔尔世界杯期间，我国国家级非物质文化遗产代表性项目蹴鞠亮相卡塔尔，向世界讲述中国文化故事。卡塔尔世界杯上的中国元素不只有蹴鞠，从客车到旗帜再到各种世界杯纪念品，很多都是中国制造。这说明，近几年形成的国潮之风开始从国内"吹"向国外。

国潮将中国文化符号、中华美学精神、传统技艺、制造业与文化产业等结合在一起，不仅是一种消费和时尚潮流，也是一种文化现象，其本质是文化自信。非遗承载着民族的记忆，凝结着先辈的智慧，镌刻着文化的基因，可以为各种国潮产品注入鲜明的文化底色。而国潮的兴起，也为非遗的保护和传承提供了难得的机遇和载体。

非遗遇上国潮文化

国潮的兴起，意味着一种趋向性的审美导向开始形成。这种审美以"中国元素"为内核，背后是对中华优秀传统文化的认同。运动品牌植入刺绣元素后，摇身变为时尚青年抢购的潮品；六百岁的故宫推出"朕的心意"月饼、宫廷色口红等文创产品，立刻刷爆年轻人的朋友圈……消费者大方下单的那一刻，他们购买的不仅是商品，更是商品背后的文化。

非遗产品及融入非遗元素的商品，自带"文化含量"，是消费者眼中"值得拥有"的潮品。以2022年"双十一"为例，很多非遗产品登上了销售榜的C位。仅天猫平台，就有超过6600家非遗店铺开展直播销售，成交额近2亿元。另据中国社会科学院舆情实验室等发布的《2021非遗电商发展报告》，淘宝、天猫平台上的非遗消费者数量、人均消费支出连续三年增长，购买非遗商品已在年轻人中形成潮流；非遗商品消费者规模过亿，85后、90后是非遗商品消费的主力。

如前所述，国潮产品的魅力在文化，其产品创意更是来源于优秀传统文化。我国目前共有各级非遗代表性项目10万余项，这不仅是一个巨大的文化宝库，也是一个巨大的IP宝库，能够为国潮产品的开发、设计、制作提供源源不断的灵感和素材。例如，故宫已开发文创产品1万多种，年销售额超过10亿元，很多文创产品都运用了非遗元素。

国潮之"潮"，代表着时尚，代表着先锋。非遗遇上国潮，可以以"潮"焕新，重新获得活力。例如，谭维维将民族音乐与现代摇滚相结合，不仅让作为非遗的华阴老腔重新焕发活力，还引领了一时的音乐潮流。

总之，国潮的兴起，拓宽了非遗生产性保护和活态性传承的路径，让非遗有了更多的表现形式和展示场景，让更多年轻人可以看到非遗、摸到非遗、听到非遗，对非遗有所向往，助力保护传承非遗的力量不断壮大。

传播有"术"，传承有"路"

2022年"双十一"前夕，快手、河南卫视、京东三方联合推出一场"国潮盛典"。这是业界首场以国潮文化为主题、所有节目内容均融入了非遗元素的文化类晚会。晚会融合了多元化的艺术形式，类型丰富且兼具美感，通过国潮文化和科技的碰撞，让更多年轻人发现了非遗之美，全网总曝光突破60亿，收获近百个热搜。

我国非遗资源极其丰富，非遗代表性项目数量庞大。在注意力成为稀缺资源的当下，"酒香也怕巷子深"，非遗要传承好首先要传播好。从某种意义上讲，没有传播就没有传承，好的传播就是好的传承。"国潮盛典"这样的传播方式，完全让非遗当主角、站C位，并将传统非遗与现代国潮相嫁接，是非遗传播方式的一次创新。尤其要指出的是，在这场"非遗盛典"上，大量来自民间的非遗传承人，主动走到聚光灯下，来到舞台中央，自信地展示非遗绝活、讲述非遗故事、介绍传承经验，这是文化的觉醒，也是文化自信的彰显。

相较于在"非遗盛典"这样的第三方平台上亮相，非遗传承人在日常生活中做好非遗传播工作更加重要。近年来，随着移动互联网的发展，传承人开始成为非遗传播的主体。截至 2021 年 10 月，入驻快手短视频平台的国家级非遗代表性项目覆盖率达 97.9%，有超过 5847 万位非遗创作者在快手平台生产内容，非遗相关视频总播放量达 4688 亿，点赞量达 109.5 亿次。

95 后国家级非物质文化遗产代表性项目郎派面塑艺术传承人郎佳子彧，就是一位活跃于短视频平台上的"网红"。他将传统非遗与现代艺术相结合、本土文化与青年文化相嫁接，拍摄制作面人的短视频，与偶像流量 IP 合作，推出大量"国潮"文创产品，为面塑这一非遗技艺的传承探索出一条全新道路。

非遗与国潮、互联网的结合，既助力了非遗的传承，也让国潮产品更受欢迎。数据显示，2022 年 9 月，国潮品牌相关搜索量在快手站内同比提升 72%，该平台上国潮相关品牌商品交易总额环比增长 25%。

引导非遗融入烟火生活

很长一段时间里，在人们眼中，非遗是束之高阁的古董、秘不示人的宝贝，这导致非遗一直很难活起来、火起来。

国潮风最初从商品领域刮起，这决定了国潮产品必然跟人们的生活紧密相关。从这个意义上讲，国潮为非遗架起了一座通往生活的桥梁。事实上，"非遗即生活"早已成为业界共识。泰戈尔曾说："古老的种子，它的生命的胚芽蕴藏于内部，只是需要在新的时代土壤里播种。"要让非遗活起来、火起来，首先要厚植其赖以生存的土壤。让非遗融入寻常百姓的烟火生活，是保护传承非遗最好的方式。

国潮风起　非遗焕新

我们将非遗引入烟火生活，不是重新穿上古人的衣服去过男耕女织的原始生活，而是要创造一条联结历史与当下、过去与现在的新路径。现代人在快速的生活节奏中，往往需要一种情感归属；在世界多元文化的交汇中，人们也需要一种来自民族记忆深处的文化之根。而非遗就承载着民族血脉中的文化认同和情感皈依。非遗若想成功联结历史与当下、过去与现在，不在于具有多大的使用价值，而在于能否带给人情感上的共鸣。在这方面，一些机构已经进行了成功探索。例如，利用VR、AR技术，让一些非遗活态再现，通过多重连接和情景分享为受众营造身临其境之感，让非遗能够"看得着""听得见""学得来"。

不过，消费场景下的某些非遗叙事，还是透着一股工业流水线的味道，一些非遗主题的国潮产品，有匠气少"艺心"，甚至有些生硬的斧凿痕迹，难以触动人的心灵。可以说，这些国潮产品只是借用了非遗的"马甲"，根本谈不上活态传承。因此，借助国潮之风，让非遗"潮"起来，一个前提是，不能把非遗的文化之根丢掉。

《光明日报》2022年11月30日第13版

拓展阅读

福建非遗中的书卷气
——以传统手工技艺为例

邱志军

两宋时期，随着皇室入闽，诸多文人墨客、豪门贵胄举族南迁至闽地，福建文化得到空前发展。民间工艺美术也发展繁荣进入黄金时代，并沉淀出诸多传世流芳的非物质文化遗产。

众所周知，闽籍书画家名人辈出，如"宋四家"之一的蔡襄、"明四大家"之一的张瑞图、享有"三绝"之称的华嵒，更有许多开创新图式的先行者，如开创山水小景样式的惠崇和开创明代院体画的边景昭等。这些优秀的书画大家不仅对中国书画发展产生了一定影响，而且潜移默化地影响了民间造物的样式与创作风格。由此，福建非遗形成了有别于其他省份的最大特点，就是具有浓郁的书卷气，彰显出闽地非遗造物独特的文人审美风格。

> **拓展阅读**

以文致治的教化功能

宋太祖首用文吏，崇文之风逐渐兴起，并形成一套文治措施，有力推动了整个社会由武功向崇文风气的转化。在这种提倡文化致治的语境下，典籍的教化功能随之凸显，书籍出版业繁荣。福建闽北地区森林资源丰富，茂林修竹，刻书用纸的原料取之不竭，书坊所用纸札不假外求。建阳成为全国的三大刻书中心之一，享有"图书之府"的美誉。当地的刻书称为建本，又有"建安本""麻沙本"的别称。

建阳的刻书建本以私刻、坊刻为主。由于建本价格较低，并且在刻印和排版方面都进行了创新，尤其首创图文互注的排版，极大提升了建本的可读性和趣味性，大大提升了建本的出版发行数量，甚至超过了以官刻为主的浙本、蜀本。除了刻书最多，其行销范围也最广，列三大刻书中心之首。直至明代，建阳书坊的数量，一直为全国之冠。

刻书的繁荣有力推动了朱子闽学的发展。朱熹十分重视通过书院教育方式传播理学，以建本为媒介，以书院为阵地，结合书院会讲和理学祭祀活动，积极传播理学思想。这在一定程度上影响了地方文化氛围，深刻影响了福建匠人的造物思想，提高了匠人的文化素质。因此，以手工技艺为主的福建省非遗，在造物方面形成了带有深厚文化底蕴和文人

> **拓展阅读**

审美之风的独特面貌。

文人审美下的程式化样本

造物样式是文人审美的物化载体,也是对传统书画艺术程式化的一种运用形式之一。莆田木雕的人物图式,无不受到当地"仙游画派"的影响。莆田艺术家李霞、李耕吸收了明清的人物画各路大家的作品精华,内化为自己的艺术美学思想,构建出富有地域特征的仙游画派。他们融合雕刻与绘画精华,将绘画技法与图像程式反哺于木雕工艺,由此极大提升了莆田木雕的艺术表现力,形成具有"莆式"风格的人物雕刻作品,并形成一种固定的程式化样本为民间工艺师所临摹,极大影响了当地寺庙、宗祠的建筑装饰样式和壁画风格。

福州脱胎漆器的绘画装饰风格,则主要受福州林纾的影响。林纾是福建闽县人,自幼学画,从花鸟起步,以山水闻名。他对宋画推崇有加,提倡写实的风格。林纾的这些易于模仿又得宋元人遗意的程式化山水,成为漆器画工在装饰上的取材模仿对象。大到构图的开合架设,小至松、竹、柳等题材的造像,如石头的面向、垂条的姿态、树出几枝、水云法式灯,都形成了规范性的图式。漆工在无笔墨底蕴的条件

> **拓展阅读**

下也能通过可借鉴的程式化图式，迅速掌握绘画要点，吸收技法准则。

士大夫与匠人的协同创作

任何一种器物或是技艺的诞生，都与当时的社会环境和文化水平密不可分，也是当地环境的集中映射。宋代经济繁荣，城市发达，世俗文化蓬勃发展，审美达到空前高度并具有世俗化、平民化的特点。该时期，手工艺人的社会地位上行，甚至可以参加科考。此时，不仅越来越多的民众加入手工艺人的行列，而且出现了士人与手工艺人共同创作的现象。

在这种大背景下，文人士大夫的审美意趣必然对造物形态产生一定的引导和渗透，使得该时期的手工技艺作品既满足了世俗化的现实需要，又同时丰富了作品的内涵，兼具造物功用及审美特征，形成一种以实用主义为主导的审美风尚，大雅与大俗兼容，自然含蓄、平淡质朴。

福州寿山石雕刻的"秀工制"，是这种士人与工匠融合创作的典型代表。"秀工制"，即达官贵人或富贾士绅等大户人家将优秀的雕刻师聘请至自己的府中寓居，提供食宿、薪酬和创作材料，无时间和作品数量的规范限制，也不制定雕刻题材，全凭雕刻师自己决定，户主还需提供珍藏供雕刻师

> **拓展阅读**

学习参考,直到雕刻师完成作品。这类艺人有机会观看主人的书画及古玩珍藏,主人们也很乐意将珍宝提供给艺人观察,以便他们学习吸收这些佳作的精髓,提升作品的文化内涵和审美趣味。受聘期间,艺人只为府中主人一家雕刻作品,不接其他生意。创作使用的石材较为昂贵,作品一般都不外露。清末民初著名的寿山石雕"西门派"薄意(极浅薄的浮雕,因雕刻层薄而富有画意,故名)大师林清卿,曾先后受聘于陈宝琛侄儿陈叔常、回春药局老板吴元和古董商刘秀古府中,创作出许多精美的薄意作品。他的薄意创作,借鉴传统书画艺术的构图,充分汲取国画意境之美尤其是留白的艺术特色,形成独树一帜的石雕风格。

凸显文人精神的符号元素

综观福建非遗造物,大至建筑装饰,小到文玩把件,无不带有明显的中国传统文化元素。

在福建非遗造物形象中,中国传统绘画是绕不开的创作对象。以勃兴于清末的福州脱胎漆器为例,其装饰图案题材十分丰富,几乎涵盖传统绘画的典型元素,包括梅兰竹菊等植物图案、鸟兽鱼虫等动物图案、仕女老者孩童等人物图案、山河树影等山水图案,另有云纹等祥瑞图案和各种几何

> 拓展阅读

图案做装饰。

　　"中国四大木雕"之一的莆田木雕，是国家级非遗，素以"精微透雕"著称。它表达细腻，善于用圆雕和透雕技艺，雕刻出富有层次和情节的剔透玲珑作品。莆田木雕传承人、"大国工匠"、"德艺双馨文艺工作者"郑春辉，植根传统工艺，取法传统国画，开创了"文人木雕"先河。以他为代表的当代莆田木雕艺术家，以刀代笔，创作出的山水题材作品，气韵生动，隽永含蓄，透露出浓厚的文人画特征。

　　如果说上述非遗只是在创作中体现文人精神，那么成为文人书斋不可或缺的案头清供和主要角色的手工艺作品，无疑就是文人情趣的直接载体，如留青竹刻。作为文人雅士的珍玩，留青竹刻融合诗书画印为一体，具有很高的工艺文化与审美价值。留青竹刻，始于唐代，是在薄似纸张的竹皮上进行雕刻，将文人画的笔情墨趣融入竹刻，是融雕刻、书画、诗文、印章、造型为一体的民间艺术。在构图上，它结合国画的"计白当黑"思想，通过层层叠叠的雕刻和留白的疏密布局，给观者提供想象的空间。其题材多为四君子、翠鸟金鱼、荷花藕塘、烟云飞瀑、仕女达摩等，或托物言志，或寄情山水，直接承载了古代文人的文房之志与审美情趣。

　　福建省非物质文化遗产项目璀璨而多元，从这些蕴含了

> **拓展阅读**
>
> 丰赡的传统文化意蕴和高逸雅致的审美特征的非遗作品,不难看出中国传统书画与文人审美对造物的影响。在士人与匠人共同合作下,福建非遗造物超拔突破,传承了中国传统书画艺术精髓,又在格物致道的匠人精神,开辟出一种具有文人气的造物风格。

推动中华文化更好走向世界

朱慧勇

2022年11月29日,"中国传统制茶技艺及其相关习俗"列入联合国教科文组织人类非物质文化遗产代表作名录引发广泛关注,这对于弘扬中国茶文化具有重要意义。事实上,包括中国茶文化在内的越来越多的中国文化正在通过各种方式走向世界。无论是在国际性会议、赛会活动举办进程中,还是在中国文艺作品的对外传播过程中,中华文化的影响力都在不断彰显。不断增强中华民族凝聚力和中华文化影响力,是我们面临的重要时代课题,通过创造性转化、创新性发展讲好中华优秀传统文化故事,是我们推动中华文化更好走向世界的必由之路。讲好中国故事,传播中国文化,未来我们大有可为。

怎样做好非物质文化遗产保护

用心讲好中国非遗文化故事

泱泱中华，文明博大。我国各族人民在长期生产生活实践中创造了丰富多彩的非物质文化遗产，这是中华民族智慧与文明的结晶，是中华文化的瑰宝。目前，包括"中国传统制茶技艺及其相关习俗"在内，我国共有43个项目列入联合国教科文组织非物质文化遗产名录、名册，居世界第一。在这43个非遗项目中，既有人们熟知的中国书法、剪纸、京剧、皮影戏、太极拳等，也有相对冷门的玛纳斯、麦西热甫、赫哲族伊玛堪等。无论哪一个非遗项目，都是中华文化中独一无二的瑰宝，每一个非遗项目都有着令世人惊叹的文化传承故事。某种程度上来说，讲好中国故事，传播中国文化，首先要挖掘好中国非遗文化，讲好中国非遗文化故事，让越来越多的人由此了解中华文化、爱上中华文化。具体而言，讲好中国非遗文化故事，可以在用心、用情、用力上下功夫。

讲好中国非遗文化故事的核心在于实现心灵的沟通，进而达到铭记于心的效果。中国非遗源于中国，属于世界。例如，在2022年卡塔尔世界杯期间，中国蹴鞠作为世界足球运动的起源，通过一系列别具匠心的活动展现在世人面前。中国蹴鞠传承人通过"白打蹴鞠"的现场表演，充分展示了蹴鞠比赛的花样和技巧。与此同时，来自中国和卡塔尔的青少年足球爱好者们，身着中国传统蹴鞠服饰，深度体验蹴鞠运动与现代足球运动的异同，为世界杯的赛事活动增添了鲜活的中国非遗文化元素。

讲好中国非遗文化故事的关键在于实现情感共鸣，进而达到寓情于理的效果。中国非遗文化故事能不能传播好，关键要看中外受众愿不愿听、想不想看、能不能懂，能否入脑入心，产生共鸣。因此，要根据不同目标受众的文化传统、价值取向、思维习惯，紧扣不同人群的关注点、兴趣点和共鸣点，因人制宜、因地制宜、因时制宜，最大限度满足国内外受众对中国非遗文化的不同需求，让更多受众感知到中华文明的厚重感、人情味和烟火气，在情感互动、精神交流、思想沟通中留下动人的中国非遗故事。

讲好中国非遗文化故事的要领在于实现用力的均衡，进而达到恰如其分的效果。具体而言，既要讲好中国非遗的历史传承，又要讲好中国非遗的当代价值。以讲好中国二十四节气的非遗故事为例，我们既要讲清楚其是中国农耕社会生产生活的时间指南，还要介绍其在当下依然发挥着重要的时间知识体系作用。更为重要的是，中国传统及现代文化中与二十四节气相关的诗词、戏剧、典故、影视、书籍等，也应该在对外传播过程中通过多种方式来加以介绍和呈现，从而进一步加深人们对中华文化的理解和认知。

创新表现中华文化时代价值

2022年北京冬奥会、冬残奥会开闭幕式上，各种新颖的中华文化表现形式让人目不暇接、由衷赞叹。精巧的设计、精彩的演绎、精致的场景、精美的画面使全世界的观众对于中华文化有了一个更为立体的了解。无论是二十四节气的声光电全新展现，还是折柳寄情的寓意深远，无不体现了中华文化的博大精深和时代价值。本次中华文化以"诗意"和"浪漫"出圈，离不开主创团队的创新表达。因此，讲好中国故事，要在创新基础上做好时代化表达，展现其时代价值。

科技改变生活,也在改变着文化传播方式、艺术呈现形式,它可以让文物"活"在当下,火出国门。例如,敦煌莫高窟利用数字化技术让千年石窟"活"起来:通过对敦煌石窟洞窟的数据采集、图像处理、三维扫描和虚拟漫游节目制作,先后面向全球上线了中英文版本的"数字敦煌资源库",实现了敦煌石窟30个洞窟整窟高清图像的全球共享。"数字敦煌资源库"把中华优秀传统文化、世界文化宝藏——敦煌壁画和彩塑等跨越时空送达世界各地游客面前,实现了艺术盛宴的共享。不仅如此,通过3D虚拟环境高清欣赏敦煌壁画等,高分辨率图像的效果甚至好于观看洞窟本身。因此,充分发挥科技赋能作用,有助于中华文化达到更好的传播效果。

正如北京冬奥会、冬残奥会开闭幕式为中华文化的大放异彩提供了国际性大舞台,利用各类平台优势,把握文化交流机遇,讲好中华文化故事同样重要。2022年上海进博会期间,汉水古琴、秦巴弓箭、侗族大歌、苗族舞蹈、针灸推拿、中式服装盘扣制作技艺、传统木结构营造技艺、竹编技艺等纷纷惊艳亮相,在向世界各国客商展现中华文化魅力的同时,生动讲述着中国同各国一道,凝聚开放共识,共同克服全球经济发展面临的困难和挑战,迎接新的光明前程的合作共赢故事。

随着传播手段的迭代升级,全媒体传播矩阵极大丰富了中华文化的传播方式。2022年8月,中央广播电视总台发布"新时代的中国"多语种海外传播重点节目片单,《经典里的中国智慧》(第二季)等精品节目陆续通过总台多语种平台与海外观众见面。近年来,以中央广播电视总台为代表的各级各类媒体,依托全媒体传播矩阵,讲好中国故事,最大限度地精准定位,使故事被更多海外观众听懂、记住,并把中华文化故事不断推向不同偏好的圈层和更为细分的领域。

推动更多文艺精品传播海外

2022年12月3日,"中国影像节"展映活动在联合国教科文组织总部成功举办。在本次展映活动上,中央广播电视总台CGTN纪录片《人类碳足迹》以光影为载体,面向海外观众真情讲述新征程上的中国人"推动绿色发展,促进人与自然和谐共生"的故事,阐释中国与世界共享机遇、携手发展的渴望,引发强烈反响。

近年来,越来越多的中国文艺精品远渡重洋传播海外,取得了较好的社会反响。从20世纪90年代央视版四大名著电视剧风靡日韩和东南亚,到《甄嬛传》《琅琊榜》等古装剧受到海外观众追捧,再到《父母爱情》《人世间》等年代剧在数十个国家播出,还有纪录片《舌尖上的中国》在海外收获大批拥趸,越来越多中国优秀视听作品在海外落地播出推广,提升了中华文化的国际影响力。这些作品海外传播效果突出,具有较好的示范引领作用,我们可以从中学习借鉴相关经验做法,不断推动中华文化更好传播海外。

一方面,要在创作上着力,走出去展形象的文艺作品既要存异又要求同,既能在国内得到票房口碑双丰收,也要在国外引发观众的广泛共鸣。例如,电视剧《父母爱情》讲述了一个军人家庭的生活史,侧面展现了新中国波澜壮阔的发展历程,欢乐温暖,又暗流隐隐。这部剧呈现的是普通中国人的家庭故事，处处体现的是中国人的特质，展现了中华民族的文化底蕴。同时，该剧又呈现了一个人类永恒的话题——爱。在60多个国家热播的背后，民族特色的"存异"、共同话题的"求同"，二者缺一不可。因此，创作上既要体现中华民族厚重的文化底蕴、独具特色的文化风格，又要将人类共通的情感、伦理、道德、价值观、感悟、想象等融入故事和人物之中，在爱与和平、拼搏与奋斗等全球话题中精准定位。

另一方面，要做好海外宣发及译制工作。"酒香也怕巷子深"，文艺作品想要走出国门，需要不断拓展自己的海外发行网络和渠道。此外，加强译制工作也是当务之急。在"走出去"的部分文艺作品中，因为文化差异导致的翻译问题一度让人深感困扰。如果翻译不能做到精准，文化传播就会打折扣，甚至引发歧义，闹出笑话。因此，诸如"丝绸之路影视桥工程""中国当代作品翻译工程"等重点工程和译制项目显得尤为重要，它们为海外观众打开了一扇认识中国、了解中国的窗口，也较为有力地推动了中华文化的海外传播。

《光明日报》2022年12月28日第13版

> 拓展阅读

中国非物质文化遗产保护令人瞩目

郑海鸥

2021年非物质文化遗产展示活动的主题确定为"人民的非遗 人民共享",突出了非遗保护惠及大众这一特性。

2021年是《中华人民共和国非物质文化遗产法》颁布实施10周年。在此期间,我国非物质文化遗产保护水平有了持续提升。"十三五"期间新增地方性保护条例37部,非遗保护法律法规体系日趋健全;建立了国家、省、市、县四级非物质文化遗产代表性项目名录体系,认定非遗代表性项目10万余项,认定各级代表性传承人9万多人。整个社会对非物质文化遗产的尊重、保护和传承意识有了质的提升。

这些成绩来之不易。"活"起来的非物质文化遗产,焕发出旺盛的生命力,铺展开传承弘扬优秀传统文化的生动画卷。

"十四五"规划和2035年远景目标纲要提出:"深入实施中华优秀传统文化传承发展工程,强化重要文化和自然遗产、非物质文化遗产系统性保护,推动中华优秀传统文

> **拓展阅读**

化创造性转化、创新性发展。"这就要求我们进一步创新传播方式、增强科技赋能,把来自于人民、传承于人民的非物质文化遗产保护好、传承好、弘扬好,持续推动其融入现代生活、体现当代价值,成为推动经济社会高质量发展的新动能。

例如,在长江、大运河等国家文化公园建设中,将沿线丰富的非物质文化遗产资源串珠成线,推出相关主题旅游线路,建设有非物质文化遗产特色的景区景点,设立非物质文化遗产旅游体验基地,让传统美术、音乐、舞蹈、戏剧、曲艺和杂技、传统手工艺等融入沿线居民的生活,成为游客的向往。

在脱贫攻坚和乡村振兴中,非物质文化遗产也大有可为。面对"千村一面"、旅游产品"天下一家"等问题,通过挖掘和振兴乡村的特色非物质文化遗产,一方面凸显当地特色,成为乡村的文化支撑;另一方面能够为传承人和相关从业人员带来实实在在的经济收入,既有社会效益又有经济效益,可谓一举多得。数据显示,10年来,中央财政每年投入的非物质文化遗产保护经费从2011年的4.14亿元,增长到2021年的8.08亿元,累计达到77.66亿元。文化和旅游部支持地方建设非物质文化遗产扶贫就业工坊超

拓展阅读

过2000所，带动项目超过2200个，带动近50万人就业，助力20多万户贫困户实现脱贫。"活"起来的非物质文化遗产成为助力脱贫攻坚的积极力量。

非物质文化遗产是以人为核心、以生活为载体的活态传承实践。之前，传承人的设计能力和审美能力有待提升、版权意识弱等问题困扰着不少传承人。怎么办？中国非物质文化遗产传承人群研培计划启动，传承人纷纷走进高校，学习专业知识，研究传统技艺，开展交流研讨。经过强基础、拓眼界、增学养，传承人创作了大量原真性、实用性、审美性俱佳的作品和产品，其中不少成为"网红""爆款"，备受年轻人青睐。非物质文化遗产传承水平持续提升，表现力和吸引力不断增强，更多90后、00后加入传承行列。

中国许多非物质文化遗产被国际社会点赞为中国人的"绝活儿"。从传统音乐、传统舞蹈、传统戏剧、传统杂技到书法、木雕、瓷器、刺绣等，其精彩的展示、精湛的技艺、精美的产品，具有跨越时空的魅力。非物质文化遗产已经成为"中国走向世界、世界了解中国"的重要窗口，成为"讲好中国故事、传播好中国声音"的重要载体。

中国的非物质文化遗产保护令世人瞩目，期待它彰显出更加深沉的文化魅力。

23

权益保障促进非物质文化遗产"活"起来

胡姗辰

  非物质文化遗产是中华优秀传统文化的重要组成部分。保护非物质文化遗产，功在当代、利在千秋。我国加入联合国教科文组织《保护非物质文化遗产公约》以来，非物质文化遗产保护传承成为全社会共同关注的话题。2011年，《中华人民共和国非物质文化遗产法》颁布施行，为规范非物质文化遗产保护与传承、鼓励社会公众参与提供了明确的法律依据。2021年8月，中共中央办公厅、国务院办公厅印发《关于进一步加强非物质文化遗产保护工作的意见》，立足当前非物质文化遗产保护与传承实践中的突出现实问题，明确要求修改非物质文化遗产法，进一步健全非物质文化遗产法治体系，切实推进非遗融入现代生活，实现中华优秀传统文化创造性转化、

权益保障促进非物质文化遗产"活"起来

创新性发展,为推进非遗"活"起来提供明确指引和坚实保障。

《中华人民共和国非物质文化遗产法》遵循"坚持区分精华与糟粕""坚持中华文化一体多元性、维护国家统一和民族团结"以及"坚持保护为主、合理利用、促进发展"的基本原则,依据分类保护、政府主导与公众参与相结合、正确处理保护保存与利用关系的理念和思路,确立了非物质文化遗产调查制度、代表性项目名录制度和传承与传播制度。该法体现了《保护非物质文化遗产公约》的原则和精神,落实了公约义务,立足我国各民族优秀传统文化保护的具体国情和特点,在非物质文化遗产保护传承实践中发挥了重要作用。然而,让非物质文化遗产"活"起来,重点在于发挥保护传承主体和社会公众的参与积极性,促进文化遗产保护利用融入现代生产生活、切实服务于当代国家社会建设和满足个体自由发展的需要。现行非物质文化遗产法在回应和落实这一目标方面仍存在需要完善之处。

协调非物质文化遗产传承中的权利关系。非物质文化遗产作为各民族世代相传的文化传统和生产生活方式,其保护传承不仅是国家发展文化事业、增进和保障公众基本文化权益的要求,更与其传承群体维持和发展其风俗习惯与生产生活方式的基本权利密切相关。非物质文化遗产传承人掌握并传承非物质文化遗产技艺,遗产地社区居民直接影响非物质文化遗产保护和传承原生环境,越来越多的社会公众也高度关注和积极参与非物质文化遗产保护利用和传承发展,这些主体在推动非物质文化遗产保护与传承过程中都发挥着不可或缺的作用,多元主体参与与协作,是推动非物质文化遗产"活"

起来的关键。然而，上述主体围绕非物质文化遗产保护与传承所形成的权利冲突在实践中也广泛存在，成为影响非物质文化遗产保护传承效果的重要因素。因此，非物质文化遗产法律体系的建立，不能仅依托非物质文化遗产法赋予政府的行政权力进行规范和管理，还应当本着全局眼光，对其传承和活化中人的正当权益及其相互关系加以关注，通过多元法律调整方式，为保障上述主体围绕非物质文化遗产保护利用与传承所形成的正当权益、协调其相互关系加以努力。这些基本权利，包括开展传承活动所必需的署名权、传承权，也包括其依托非物质文化遗产进行文化创作或创造发明所享有的知识产权，如改编权、表演者权、专利权等。这些权利的保障，不仅依靠非物质文化遗产法及相关配套法规的完善，也须依赖知识产权相关法律制度的更新进行。

以权利保障为宗旨完善代表性传承人制度。代表性传承人制度是非物质文化遗产传承法律制度的核心，让非物质文化遗产"活"起来离不开传承人对非物质文化遗产的自觉传承和积极传播。根据现行法律，代表性传承人是一定区域内诸多掌握该项非物质文化遗产技艺的主体中经认定最具代表性和影响力、切实履行传承传播义务的主体。代表性传承人绝大多数情况下都认定为个人，有义务授徒和开展传承活动，政府则有责任为其开展非物质文化遗产传承、传播活动提供场所、经费等必要的支持。这一制度设计的初衷无疑是为了激励掌握非物质文化遗产技艺的主体更加积极精进其技能、开展传承活动。但实践中，代表性传承人认定引发的矛盾却比较尖锐。政府职能部门依托专家认定代表性传承人的标准或结果有时并不为其他掌握同样技艺的主体甚至遗产社区公众所接受；诸如侗歌苗舞、说唱戏曲等一些非物质文化遗产依靠群体传承，仅将其中的某个体公民认定为代表性传承人并给予相关补助，也是对群体中其他人为非遗传承作出的重要贡献及由此应享有的正当权益的忽视。此外，现行法律规定的资助仅给予代表性传承人，且仅可用于资助其开展非遗传承传播活动，有时还无法覆盖活动的全部花销，对为之花费了大量甚至绝大部分时间、精力的传承人自身追求美好生活的权利却未加以关注。实践中，有的传承人为生计无暇开展传承活动、有的为迎合市场需求对非物质文化遗产进行庸俗化改造。针对这些问题，应将代表性传承人认定与管理实践中一些行之有效的经验规范化。例如，在代表性传承人认定环节吸纳遗产地其他传承主体和社区居民代表参与评审及监督，提升认定程序的透明性；考虑不同非遗类型的具体情况，在集体项目中直接认定符合条件的传承团体为该项目代表性传承人；在对传承人开展传承传播活动给予必要经费补助的同时，承认传承人为之付出的心血和贡献的智慧，增加给予其本人的补贴和奖励；等等。

重视非物质文化遗产开发利用中遗产地社区的正当权益。依托非物质文化遗产资源发展旅游或文化产业，是当代让非物质文化遗产"活"起来的重要方式。非物质文化遗产法规定国家应通过政策扶持或依法减免税收等方式，鼓励和支持合理利用非物质文化遗产代表性项目开发具有地方、民族特色和市场潜力的文化产品和文化服务。在许多少数民族村寨，民族歌舞、传统节庆等非物质文化遗产类型是重要的旅游项目；一些传统手工艺或传统医药等非物质文化遗产也依托其有形产品进入市场。然而，当前非物质文化遗产市场化开发经营实践中，有些专业的市场开发主体变相抢占对非物质文化遗产的管理权、收益权甚至文化解释权，侵扰社区居民保留其土地和自然资源的现象在许多地方普遍存在，有的遗产地社区居民实际已失去在保护和开发利用其共同守护、传承和发展的非物质文化遗产资源中的主体地位，以及如何开发利用该遗产资源并分配利用收益的话语权。这不仅加剧了非物质文化遗产开发利用中不同主体的矛盾与冲突，对开发利用的社会效果和持续性造成消极影响，而且可能导致非物质文化遗产在开发利用过程中失去其真实性、完整性和文化内涵等更加严重的问题。为此，在非物质文化遗产法中引入传承主体和社区公众的知情同意和惠益共享制度，是社区正当权益保障的基本要求。相关法律法规还可赋权非物质文化遗产传承主体和遗产地社区公众代表定期对非物质文化遗产开发利用项目进行评估，考察其是否违背真实性、完整性要求，传承人和遗产地社区作为非物质文化遗产资源保有者的权利是否得到尊重，以此作为知情同意的标准。

《学习时报》2022年2月23日第3版

> 拓展阅读

为传统民艺奔走
——杨先让的寻艺之旅

荣 池

"民间的艺术很重要，一想到浩如烟海的中国传统民间艺术，我只有一个想法，那就是一定要守护好它们。"

提及新中国传统民间艺术的保护、研究与传承，杨先让是一个无法回避的名字。作为新中国成立以来国家培养的第一批美术家，他参与创立中央美术学院民间美术系，让民间艺术登堂入室；他率领考察队历尽曲折，出入黄河流域14次，潜心考察传统民间艺术，出版考察成果《黄河十四走》，走出了民间美术系坚实的研究基础；他坚持"艺术为人民"的创作理念，在多个艺术领域辛勤耕耘，创作大量时代佳作，为中国当代艺术的发展和中华文化的传承作出了卓越的贡献。鉴于杨先让在传统民间艺术领域的贡献，他被评选为2020年"中国非遗年度人物"。

1930年，杨先让出生于山东烟台养马岛，幼时父亲收藏的许多美术作品，成为他最初的艺术启蒙。1948年，杨

> **拓展阅读**

先让考入国立北平艺专,师从徐悲鸿、孙宗慰、蒋兆和、李瑞年、冯法祀等先生,四年的专业训练为他打下了扎实的写实造型基础。毕业后被分配到人民美术出版社工作,杨先让出色的造型能力很快得到发挥,其第一幅套色木刻作品《出圈》在1957年全国青年美展上获奖,这让他逐渐成为20世纪50年代版画创作队伍中青年一代的代表人物。1960年,调回母校中央美院版画系任教后,杨先让开始专注于版画创作。其间,他创作的如《大庆会师》《刘胡兰像》等作品,采用现实主义的表现手法,同时饱含浪漫主义的诗情意蕴,成为时代经典。而他与传统民间艺术的情缘,要从一次探亲经历说起。

20世纪80年代初,杨先让在出国探望父亲的途中,拜访、参观了众多名校和博物馆。让他印象最深刻的,便是这些文化机构对于原生态艺术在当代学术研究与展示中的重视程度。诸多本土民间艺术的价值被充分挖掘并再现,这启发了杨先让对于中国丰富多彩的传统民间艺术的重新审视。回国后,在他的积极努力下,中央美术学院民间美术系应运而生。

将中国民间艺人请入美院课堂,传播中国传统民间艺术的精髓,这对于当时的学院来说无疑是件"新鲜事"。为了

> **拓展阅读**

探寻中华文化之源，杨先让带领团队走访中华文明的重要发源地黄河流域，对年画、剪纸、布虎、刺绣、皮影、面花、脸谱等众多民间艺术进行考察，足迹遍布黄河沿岸8个省、100多个县镇，最终向世人呈现出皇皇巨著《黄河十四走》，这是关于黄河流域传统民间艺术极为重要的考察实录成果。

20世纪90年代后期，杨先让将大量精力投入彩绘作品的创作中。"乡情""小城春秋""家门"等系列作品在中国传统水墨画的基础上，将油画的写实技巧、版画的形式语言以及壁画的斑驳肌理融为一体，创造出独具特色的绘画样式。那些寻常可见的钟楼古墙、城镇街道、胡同小巷，以及中国传统民居建筑中的木格门窗、石阶瓦顶，皆是杨先让创作灵感的来源。用他自己的话说："画画总要有点自己的特点，与别人拉开距离，用中国传统的笔墨，画西方光色写实的物象，再加点版画线条的效果，四不像，就称它为'彩绘'了。"

如今，年逾九旬的杨先让依然醉心于美术创作，这份执着始终贯穿他的艺术人生，正如他在一段自述中所写："我自己都未曾想过，会走向为中国传统民间艺术呐喊之路，眼见一些传统民艺将走向消失，便产生了责任感，看准了方向，这都是我的感情所为，我无怨无悔。"

24

茶文化与中国人的日常生活

萧 放

习近平总书记对非物质文化遗产保护工作作出重要指示强调，"中国传统制茶技艺及其相关习俗"列入联合国教科文组织人类非物质文化遗产代表作名录，对于弘扬中国茶文化很有意义。要扎实做好非物质文化遗产的系统性保护，更好满足人民日益增长的精神文化需求，推进文化自信自强。2022年11月29日，我国申报的"中国传统制茶技艺及其相关习俗"通过评审，列入联合国教科文组织人类非物质文化遗产代表作名录。截至目前，我国共有43个项目列入联合国教科文组织非物质文化遗产名录、名册，居世界第一。

中国是茶叶原产地、茶叶生产大国，茶叶加工技艺发达，茶叶产品种类丰富，因加工技艺与茶形、茶味、茶品质特性，形成了绿茶、黄茶、黑茶、白茶、乌龙茶、红茶六大茶类及花茶等特色茶品。

中国是茶饮大国,"柴米油盐酱醋茶",茶是中国百姓日常生活的饮品,正如林语堂先生在他的名作《中国人》中所说,饮茶为整个国民生活增色不少。他在遍数中国人饮茶风习后说:"只要有一只茶壶,中国人到哪儿都是快乐的。"今天的中国人将制茶技艺与相关习俗申请为人类非物质文化遗产,我们的生产智慧与茶艺茶道中的文化内涵得到世界重视,这是优秀民族文化走向世界、文明中国展示中国文明的重要方式。同时,它也是中华优秀传统文化与当代生活连接的范例。

茶在中国文化传统中有着特殊的地位

茶是日常生活饮品,又是文化观念的表达与社会连接的中介,茶是物质、精神与社会的复合载体,在中国文化传统中有着特殊的地位。茶是中国人喜好的饮品,它关联着中国人的身体与灵魂。中国人最早对于茶的认知,是茶对身体养护的药用价值。传说神农尝百草,"日遇七十二毒,得荼而解之"(《神农本草经》),这"荼"就是茶,茶字写法出现在唐中期。陆羽《茶经》的出现,奠定了"茶"的经典位置,如宋人梅尧臣诗赞曰:"自从陆羽生人间,人间相学事新茶。"茶饮解毒、清心、解郁、化滞的原初药性功能,直到今天仍发挥着身体养护价值。

茶的生活价值的重要发现是茶的精神滋养与提振功能,这是茶由药用进入饮品的关键。在汉魏六朝时期养生说流行,茶醉的状态成为神秘性的体验,唐人卢仝七碗茶诗,说尽了饮茶的奥妙。唐朝佛教禅宗兴起,为了坐禅的清醒,茶成为提神醒脑的修行饮品,并促成社会饮茶风气的流行。据《封氏闻见记》卷六"饮茶"条记述："学禅务于不寐，又不夕食，皆许其饮茶。人自怀挟，到处煮饮，从此转相仿效，遂成风俗。"茶成为日常生活的必需，种茶制茶贩茶成为农工商产业，城市茶铺兴起，"不问道俗，投钱取饮"。茶饮成为大众生活方式之后，围绕茶饮形成了茶艺茶礼与茶道，茶成为连接社会、显示趣味的重要"物像"。因茶之品质与饮茶的好尚，茶也被世人赋予廉、美、和、敬的伦理品性。

茶，在中国南部普遍种植，茶叶产量巨大且方便易得，饮茶方式俭朴，是适合大众消费的饮品。茶叶之廉，廉在它的亲民与清心；茶叶是人人都能消费得起的饮品。茶是常绿植物，经过冬天霜雪的春芽，形质俱美，春天的韵味在一杯清茶中荡漾。茶之美，在于茶味醇甘，韵味的悠长，更在于品茶中相互谈心的温暖，这是人情之美。茶之和，在于饮茶促进内心的平和与外在人事的调和。茶能解郁清心，抒发情志，达到神清气爽，中心平和；茶饮促进人际关系的协调，提供清净与亲切的和谐和美氛围。茶之敬，在于饮茶是中国人日常生活的礼仪，客来敬茶。饮茶有礼，茶礼繁简不一，均以诚敬为原则，茶礼以主人敬茶开始，以客人谢茶结束，主客之间以茶为媒，在敬奉与品饮中，生动地呈现出中国人日常生活的礼仪文明。茶之四德，温润着中国人的日常生活，也提振了中国人的道德精神。

"茶文化"融入当代生活

茶由物质形态与人的好尚对象，跃升为社会文化载体，成为社会团结与生活美学的重要内容。当今中国传统制茶技艺及其相关习俗已经列入人类非物质文化遗产代表作名录，如何传承与振兴人类非物质文化遗产，如何将人类非物质文化遗产融入当代生活，在社区与社会公共生活中得到创造性转化与创新性发展，是一个值得我们用心思考的问题。

从社会成员的个体层面，我们充分发挥茶饮清心明目的温良品性，养成饮茶习惯，以茶滋润与养护身心。今天的社会中，我们对茶这一抚慰人心、和谐社会的饮品的当代价值，有着更切近的社会需求。传承茶文化精神传统，倡导饮茶、品茶、爱茶与敬茶的社会风尚，让年轻人在可乐与其他气泡饮料的嗜好之外，多一种选择，从而热爱我们的国饮，同时修养身心，礼敬他人。当然，饮茶习惯的培养应该从小开始，我们可以通过采茶与制茶技艺的观摩学习，到泡茶与品茶和茶艺茶礼的习练与体验，让青少年从小了解并习得茶文化，熏陶与培育对茶文化遗产的感情，为中国茶文化的世代传承，打下坚实的基础。这应该是中华优秀传统文化与当代社会生活连接的有效路径之一。

从社区与社会的整体角度看，茶饮习俗中的礼仪传统为沟通人际关系、调处社会矛盾、和谐社区社会提供了有效路径。茶馆茶室茶亭是社区的公共空间，定期的茶会茶聚茶访是我们日常生活的内容。只要我们能坐下来，喝上几盏清茶，拉拉几句家常，自然是一片祥和气象。即使日常有些隔膜与不理解的情绪，相信也会在茶香中飘散。传统社会民间调解矛盾的主要方式，就是"坐茶馆""吃讲茶"。在年长而有德望的乡贤主持下，当事人面对面一番茶叙，从而达成相互妥协的化解。我们今天的社区民间调解员"和事佬"与"老娘舅"在调解民间生活纠纷时，大约也采用的是这一方式。茶的和敬品性，对于我们今天的社区治理与新时代文明实践都有着柔化与浸润的作用。定期的社区茶聚与茶会，或者茶艺展示，或者娱乐性的"斗茶"，都可以活跃社区生活滋润社区关系。我们在构建基层社会共同体的过程中，需要中华优秀传统文化的融入，而茶事礼仪的推广与茶香社区的建设就是中华优秀传统文化在当代的生动实践。

不仅茶事活动是我们和谐社区关系、促进社会团结的纽带，茶叶还是农业经济产品，茶产业是乡村振兴的特色产业。单位土地面积上茶叶收益远高于普通作物种植，而且茶叶的管理成本也低于一般作物种植，这就是江南一些地区普遍种植茶叶增收的原因。近年来，随着制茶技艺的提升与机械设备的更新换代，茶叶加工产品更加丰富，与茶叶相关的周边产品也得到有效带动。围绕茶产业形成的茶叶消费市场在传统基础上得到持续扩展。大家知道，茶叶贸易是我们加强地区间社会联系与国际间文化交流的有效途径。北方茶饮资源主要依赖南方输送，茶马古道与茶马互市是古代中国的热门词汇，北方游牧地区与南方农业地区以茶为生活资源的经济往来，促进了南北社会的相互依存，有利于中华民族共同体物质与文化基础的构造。当今时代，茶产区与畜牧区依然保持着物资与人员交流的密切关系，奶茶是当地牧民的日常生活饮品，也是外来旅游者品尝的佳品。中国茶叶出口贸易始终居于主要位置，中国茶叶文明与温柔敦厚的茶国性情，成为中国人形象的世界表征。今天，"中国传统制茶技艺及其相关习俗"列入联合国教科文组织人类非物质文化遗产代表作名录。我们更应该利用这一人类非物质文化遗产，从构建人类文明共同体的高度，讲好中国茶故事，让可信、可爱、可敬的中国形象，随着茶艺茶道茶礼为世界人民所知晓，从而为世界和平与人类文明作出中国贡献。

茶，作为生态饮品，自然安全，它千百年来守护着中国人的身体；茶作为文化载体与象征，柔和温良的伦理品性，长久地滋润并提振着中国人的心灵与精神。中国人离不开茶，茶是我们民族的生命伴生物，制茶技艺与相关习俗是中国人的文化发明，也是人类共享的文化遗产。"吃茶去"，是友朋邻里的亲切邀请，更是传承与弘扬人类文化遗产的行动。

《学习时报》2022年12月16日第6版

拓展阅读

"中国茶"里的文化自信

李广春

2022年11月29日晚,在联合国教科文组织保护非物质文化遗产政府间委员会第十七届常会上,我国申报的"中国传统制茶技艺及其相关习俗"通过评审,列入联合国教科文组织人类非物质文化遗产代表作名录。"中国茶"入选非遗成功,再次证明了中国文化的独特魅力和世界影响,再次体现了中华文明对人类文化多样性的重要贡献,彰显了我们的文化自信。

一杯"中国茶",初品"色香味",再品"精气神"。"茶和天下"的文化,"清静和雅"的理念,属于中国,也属于世界。中国茶文化博大精深,意蕴深厚,是值得挖掘的宝贵文化遗产。

和而不同的豁达大度,是"中国茶"的鲜明特征。一茶多品,一茶多技,一茶多用。制茶师根据当地风土,使用炒锅、竹匾、烘笼等工具,运用杀青、闷黄、渥堆、萎凋、做青、发酵、窨制等核心技艺,发展出绿茶、黄茶、红茶、黑

拓展阅读

茶、白茶、乌龙茶六大茶类，以及花茶等再加工茶计2000多种茶品，以不同色香味形满足多种需求。一片小小的茶叶，制茶师因地制宜，因茶而宜，充分发挥聪明才智，使"南方佳木"精彩纷呈，各具特色，各美其美，美美与共。放眼祖国大地，秦岭淮河以南、青藏高原以东，大江南北、西南边陲、华南沿海，10多个省市，一方水土养一方茶，都有引以为荣的地方茶，在祖国大茶园里争奇斗艳，香飘人间。不同地区的人们相互欣赏，在一斟一饮中显示出豁达大度。

谦和礼敬的处世哲学，是"中国茶"的文化内核。尽管生活节奏加快，人们喝茶不再像过去那么讲究，但茶在中国人日常生活中无处不在，随着国潮在年轻人中的复兴，喝茶的场景也得以不断丰富和拓展。在社交以及婚庆、拜师、祭祀等重要场所，喝茶作为一种重要礼仪传承至今，影响持久而深远。合作伙伴以茶会友，以茶敬礼，在谦和中达成双赢；师徒结对以茶见证，以茶敬师，在崇敬中升华情感；婚庆大典以茶祝福，以茶敬上，在和睦中见证幸福。谦和礼敬的处世哲学，在茶的推杯换盏中表达得淋漓尽致，充分释放中国茶文化独特魅力，也以此为载体实现中华优秀传统文化的传承。很多外国友人在品尝中国茶醇厚甜美的同时，也为这种谦和礼敬的茶文化而折服。向世界传递谦和礼敬的价值观，

> **拓展阅读**

这正是"中国茶"的文化力量。

交融互鉴的文明共享,是"中国茶"的价值追求。早在唐宋时期,源自中国的茶以及茶文化就通过茶马古道等,翻山越岭、漂洋过海,传遍全球,为世界所共享,从而推动实现中华文化与世界文化的互动交融。现在,"中国茶"已成为世界经济文化交流的和平使者,据统计,全球至少有50多个国家种茶,有120多个国家从中国进口茶叶,全球喜欢饮茶的人数超过50多亿人。世界友人通过一片茶叶了解中国的地大物博,感知中华文化的博大精深。以茶为媒,推动文明交流互鉴,丰富了人们的精神生活,也将让彼此共享更多元美好的未来。

茶与国人相伴几千年,行走全世界数万里。《神农本草经》《茶经》中的确切记载,让我们找到了"中国茶"的文化源头;苏轼等文人墨客为其留下的名篇佳作,让我们铭记"中国茶"的流光溢彩;新时代以茶赋能发展,让我们感知致富茶、幸福茶的生生不息。一杯"中国茶",和而不同、谦和礼敬、交流互鉴,氤氲的文化自信和文化魅力,必将为世界更多人民认可,为共创多彩文明带来更多启发和可能性。

非遗保护传承机制创新之思

戴 珩

非物质文化遗产是各族人民世代相传,并视其为文化遗产重要组成部分的各种传统文化的表现形式,也是民族精神文化的重要标识和集中反映,蕴含着一个民族赖以生存和发展的特有生产生活方式、智慧和思维方式,承载着一个国家、一个民族的文化生命密码。它是民族文化的精华、民族智慧的象征、民族精神的结晶,是人民生命创造力的高度体现。完善繁荣发展社会主义先进文化的制度,创新非遗保护、传承机制,更充分发挥非遗的价值,对坚定文化自信,广泛凝聚人民精神力量,激发全民族文化创造活力,更好构筑中国精神、中国价值、中国力量,具有重要意义。

近年来,非遗保护、传承工作不断推进,取得诸多成就,但在实际工作中也呈现出不少机制问题,如何创新、优化非遗保护、传承机制，成为非遗工作者共同面临的问题。

　　让非遗在公共文化服务的优质供给中得以保护、传承。各级文化馆（站）大都与非遗保护中心联系密切。保护、传承非遗是各级文化馆（站）的重要职责，同时，非遗也是各级文化馆（站）开展公共文化服务所依托的重要资源和优质资源。创新非遗保护、传承机制，对于文化馆（站）而言，重要的一点就是要把非遗保护、传承和公共文化服务的优质供给有机结合。一是让非遗在公共文化设施的优质供给中保护、传承。文化馆（站）应建设好非遗空间、展馆展厅，采用现代技术，优化展陈展示，向公众开放。同时，要带动企业、社会组织、个人等建立各级各类非遗场馆、展厅、基地、传习所等，作为公共文化设施和公共文化空间向公众提供。省级文化馆（站）可侧重向非遗研究者、非遗保护工作者、代表性传承人、高校学生等提供高端服务。二是让非遗在公共文化产品的优质供给中保护、传承。文化馆（站）应充分利用非遗资源，结合正在开展的国家级非遗项目代表性传承人记录工程工作，通过编辑、出版图书，制作纪录片、慕课、短视频、动漫，举办分享活动等，利用数字文化馆（站）云平台直播非遗手艺和非遗活动，将非遗资源转化为公共文化产品，供公众欣赏、学习、实践。三是让非遗在公共文化服务的优质供给中保护、传承。将非遗知识和技艺的传授以及非遗实践，作为文化馆（站）免费艺术培训必备的内容，结合传统节日、"文化和自然遗产日"等举办非遗展示活动，组织非遗传承人进企业、进社区、进校园，创新开展非遗讲座、展演、展示、传习、实践活动，引导公众亲近非遗、体验非遗、享用非遗、实践非遗、传承非遗。

让非遗在文化和旅游的深度融合中得以保护、传承。一是将非遗场馆和设施融入旅游线路。文化馆（站）应参与指导和精心打造一批富有特色和吸引力的非遗场馆和设施，丰富内容、提升内涵、创新体验、加强互动、彰显魅力，推出一批网红非遗空间，将其融入旅游线路。二是推动将非遗作品变为旅游产品。非遗作品涉及传统音乐、传统美术、传统技艺、传统舞蹈、传统戏剧、曲艺、传统医药以及杂技等。这些作品可听、可看、可穿、可戴、可用、可赏、可尝、可医、可健、可娱，与人们的生活有着密切关联。文化馆（站）可通过举办非遗进景区演出、"乐享非遗"等活动，推动将非遗作品变为旅游产品，融入各地旅游路线规划中，促进游客亲近非遗，同时带动非遗传承人更好地传承非遗和创新非遗作品，丰富旅游产品供给。文化馆（站）应充分挖掘非遗元素，打造适合在景区演出的非遗作品，积极指导、辅导、支持基层文化馆（站）利用非遗元素多创作文艺作品。三是将非遗元素和非遗学习实践融入乡村旅游。文化馆（站）应结合乡村振兴、美丽乡村建设、特色小镇建设，推动将非遗元素融入民宿、酒店、乡村景观、乡村旅游景点建设中，鼓励和支持非遗传承人在乡村开展非遗传习和传承活动。

让非遗在激活自身内在生命力的实践中得以保护、传承。一是通过提高传承人的创造力，激活非遗的内在生命力。深入实施中国非遗传承人群研培计划，通过组织非遗传承人群的研修、研习、培训，帮助非遗传承人群提高文化艺术素养、审美能力、创新能力，在秉承传统、不失其本的基础上，提高中国传统工艺的设计、制作水平，促进传统工艺适应和走进现代生活。二是通过挖掘非遗传承实践人群，激活非遗的内在生命力。文化馆（站）可通过举办非遗传习班、非遗新人作品展演展示等活动，发现和培养兴趣爱好者、潜力者，特别是年轻群体，通过不断集聚非遗传承实践人群，激发非遗传承人的文化自信，增强其传承实践和再创造能力。三是通过培养非遗文创开发人才，激活非遗的内在生命力。通过举办非遗研讨、文创比赛、短视频比赛、非遗博览会等，扩大对外文化交流，鼓励更多人参与非遗文创设计和推广工作，为非遗保护、传承、弘扬、利用贡献力量。

《中国文化报》2020年1月8日第8版

> 拓展阅读

非遗文创为脱贫致富插上翅膀

商世民　周欣宇

"十四五"规划和2035年远景目标纲要明确提出，要"深入实施中华优秀传统文化传承发展工程，强化重要文化和自然遗产、非物质文化遗产系统性保护，推动中华优秀传统文化创造性转化、创新性发展"。这为强化《中国传统工艺振兴计划》提供了有力保障。作为振兴计划的重要载体和实施对象，非遗文创在"十三五"脱贫攻坚中已经发挥了重要作用，成为脱贫致富的财富之源。如武汉汉绣、景德镇陶瓷、湘西苗绣等涉及传统美术、传统技艺的非遗项目，均具有内涵丰厚、附加值高，开发和利用价值巨大等特性，在助力脱贫致富方面进行了成功的探索。

用创意唤醒消费欲

中国非遗项目承载着中华文化优秀基因，不仅是响亮的"文化名片"，而且是脱贫致富的宝贵资源。

如今，发掘非遗的商业潜质，开发文创产品，以带动

> **拓展阅读**

经济发展，已不再是新鲜事儿。然而纵观市场，大量的非遗文创产品仍停留在低级造物阶段：或在物件上简单套印民族纹样，或在包装上稍做改变，就推向市场。其实，好的非遗文创应该是对民间习俗、民间信仰、民间崇拜、民间审美等有了深入的解读后，提取有代表性的文化符号、故事传说、人物形象，再借传统技艺探寻百姓喜闻乐见的形式，设计创意出形象灵动讨喜、富有文化内涵的非遗文创产品。这样才能唤醒人们的消费欲，进而实现文创扶贫，用创意铺就致富之路。

武汉汉绣是国家级非遗项目，是武汉这座魅力江城一张亮丽的文化名片。如今，武汉汉绣技艺传承公益活动如火如荼。在湖北大悟县，政府联合妇联开启"妈妈回家"汉绣巧手脱贫项目，举办汉绣技艺初级技能培训。大悟汉绣基地主动拥抱文创设计，将汉绣技艺与现代设计对接，联合高校工艺美术院所开发了汉绣丝巾、床品、胸针、香包等30余款非遗文创产品，拓宽汉绣销售市场。通过线上线下双渠道宣传销售，为绣娘们居家就业、致富增收提供了机遇。这些做法，无疑促进了武汉汉绣非遗文化产业发展，对解决就业、脱贫致富起到助推作用。

实践表明，非遗文创作为消费品一定要深度挖掘非遗文

> **拓展阅读**

化，推出满足市场需求、让人眼前一亮的产品。同时，鼓励非遗传承人积极传授非遗技艺，让更多人参与到非遗传承和文创开发中来，这样才能促进非遗文化发展，高展非遗文创致富的翅膀。

用整合打造大品牌

各地文化资源丰富多彩，如何整合资源，打造出大的品牌 IP 以实现共同繁荣，成为文旅融合大背景下亟待解决的问题。

非遗文创让生活更有仪式感，讲究"入乡随俗"的情景设定。景德镇是举世闻名的"瓷都"，"景德镇手工制瓷技艺"是第一批国家级非遗项目。传统手工制瓷技艺非遗文化像血液一般融进了这座城市。景德镇围绕"世界瓷都"的布局定位，整合非遗 IP 资源，将陶瓷文化融入茶具、餐具、日用品、首饰，甚至城市雕塑等方方面面。以陶瓷为主题开发了文创街区、博物馆、博览园、陶艺村，游客们不仅可以在欣赏把玩中体会千年瓷都的历史情怀，而且可以亲自体验瓷器制作的快乐。在陶溪川文创街区，创客们用文创讲述陶瓷故事，用瓷都 IP 传播陶瓷文化，用时尚元素将景德镇瓷文化推向世界。2020 年中国景德镇国际陶瓷博览会首次采取"云

怎样做好非物质文化遗产保护

> **拓展阅读**

模式",实现线下交易额8.9亿元、线上交易额47.47亿元的佳绩。伴随瓷都非遗文化IP资源共享,瓷都地方特色资源被人们更深刻地认识和了解,吸引了大量国内外艺术家来景德镇开设工作室。他们为千年瓷都注入了新鲜血液,也提升了其知名度。这些对共同繁荣瓷都非遗文化、盘活地域资源带来了更广泛、更持续的品牌集聚效应,给当地群众脱贫致富创造了机遇。

湖南省湘西土家族苗族自治州十八洞村是全国精准扶贫的首倡地,曾经的贫困苗乡,如今成了小康村寨。"十八洞村苗绣特产农民专业合作社"积极邀请苗绣传承人开展苗绣、花带培训班,帮助当地妇女学习苗绣技艺。他们还与高校艺术设计院系携手,共同开发出苗绣门帘、围巾、屏风等文创产品。不仅如此,十八洞村还将苗绣、乡村游、猕猴桃种植等产业整合起来发展旅游,让游客们体验苗寨风情、重温红色文化、欣赏非遗展演,沉浸式融入当地古朴纯真的人文自然风情之中。创下每年40万人次的游客量,也带动了当地农家乐、农副产品等产业蓬勃发展,走出一条非遗文创脱贫致富之路,成为湘西精准扶贫的典范。

无独有偶,凤凰县禾库镇的做法是用非遗文创精准扶贫的另一成功案例。禾库镇是全国易地扶贫搬迁安置建设示范

> **拓展阅读**

镇。他们向中南民族大学发出助力扶贫的请求。作为回应，中南民族大学积极组建"凤凰县禾库苗文化品牌打造与文创产品开发精准扶贫"创新团队，投入易地扶贫搬迁规划建设服务中。团队发挥艺术设计专业优势，开展以传承和弘扬禾库苗文化为主线的校际协作创新"大美禾库·非遗苗文化创意设计"扶贫项目："大美禾库"知识产权保护及形象创建、苗银苗绣文化创意产品设计、苗文化品牌电商平台创建、土特产系列包装开发与创意设计、苗文化品牌推广及传播策划案……其中，除了电影《梧凤之鸣》（影剧备字［2019］第7653号）尚未完成，其他均已落地实施。这些用整合打造大品牌而展开的非遗文创设计取得了丰硕成果，探寻了一条校际帮扶脱贫致富之路，提供了一套完整、系统、专业的解决方案，赢得当地党委政府、乡镇企业和广大群众的高度赞誉。

综上可鉴，以整合地方非遗 IP 品牌资源为抓手，强强联手，抱团取暖，打造好区域文旅 IP，是促进非遗文化产业集群发展的有效方式。

用融媒提升传播力

非遗文化传承千年，蕴含中华民族特有的人文内涵，而新媒体技术的发展使它的传承发展有了更广阔的空间。不同

> **拓展阅读**

年龄、不同地域,甚至不同国家的人们都能通过互联网感受中华文化的绚烂多彩,并用时尚新潮的语言进行"破次元"的沟通。随着直播、短视频社交不断发展,"非遗+直播"的宣传形式逐渐"出圈",成了口碑载道的网络热点。

2017年,光明网联合咪咕视频推出"致·非遗敬·匠心"非遗系列直播,邀请非遗传承人对京剧、昆曲、皮影戏、雕版印刷技艺、篆刻等非遗项目进行全方位立体式宣传、解读与展示,观看总量破亿次,获得社会各界广泛好评。2019年,快手短视频平台发布"非遗带头人计划",非遗传承人通过短视频的方式分享非遗文化,用最原汁原味的生活场景展示非遗技艺,吸引更多人关注非遗,走近非遗。在2020年文化和自然遗产日,央视新闻联合文化和旅游部非遗司、中国手艺网推出"把非遗带回家"非遗国货直播专场。直播还邀请了非遗传承人现场展示传统技艺,讲述非遗项目背后的历史文化,共吸引超过1000万网友在线观看,售出非遗产品总价值超1261万元,真正做到了用直播为非遗产品销售助力。

在"国潮"文化兴起的今天,越来越多的新兴文创通过年轻消费者喜闻乐见的形式,将传统文化和新潮设计结合起来,借时代风潮助推非遗文化传播。例如,诛仙手游融合历

> **拓展阅读**

史悠久的非遗习俗——南京夫子庙秦淮灯会，在游戏中实景还原夫子庙的灯会场景：敲锣、吃糖葫芦、新春祈福等，情节设定还原了民间习俗中的热闹场面，让年轻人在体验游戏时也能感受传统文化的熏陶。

随着新媒体技术的成熟发展，非遗文化传承与发展遇上千载难逢的良机。通过与现代文化产业融合发展，越来越多的人开始关注非遗技艺、爱上传统文化，这些新媒体不仅拓宽了非遗文化传播渠道，还为助力脱贫致富提供了一条值得借鉴的创新之路。

26

承前启后　守正创新

——全面推动新时代非物质文化遗产保护工作

兰　静

党的十八大以来，在以习近平同志为核心的党中央高度重视和坚强领导下，非物质文化遗产保护工作成绩斐然，在固本培元、延续文脉，推动中华优秀传统文化创造性转化、创新性发展方面发挥了重大作用。同时，也要清醒地看到，实现了第一个百年奋斗目标、全面建成小康社会之后，在向着全面建成社会主义现代化强国的第二个百年奋斗目标迈进过程中，非物质文化遗产保护工作也将迎来新的历史使命和艰巨任务，必须紧扣时代主题，把握时代脉搏，促进非物质文化遗产传承保护取得新的根本性发展。因此，在这个关

承前启后　守正创新

键的发展阶段，中共中央办公厅、国务院办公厅印发《关于进一步加强非物质文化遗产保护工作的意见》（以下简称《意见》）适逢其时，对推动非物质文化遗产保护工作长远发展，具有重要的现实意义，也必将产生深远的影响。

把握非物质文化遗产保护事业未来发展的总体方位

在建设社会主义文化强国进程中，为推进非物质文化遗产保护工作，《意见》提出，坚持以习近平新时代中国特色社会主义思想为指导，坚持以社会主义核心价值观为引领，坚持创造性转化、创新性发展，坚守中华文化立场、传承中华文化基因，为全面建设社会主义现代化国家提供精神力量。

《意见》设立了2025年中期目标和2035年远期目标，主要为三个方面：加强项目保护、完善工作制度和获得总体成效。概括起来，就是要从实现非物质文化遗产代表性项目的有效保护到非物质文化遗产得到全面有效保护，传承活力明显增强；从工作制度做到科学规范、运行有效，到更加完善，传承体系更加健全；从人民群众对非物质文化遗产的参与感、获得感、认同感显著增强，到保护理念进一步深入人心，国际影响力显著提升，在推动经济社会可持续发展和服务国家重大战略中的作用更加彰显。两个不同阶段目标的设定，既有内在逻辑发展联系，又有不断递进提升的任务诉求，体现了对未来非物质文化遗产保护所作的深入思考和实践演进。

明确非物质文化遗产保护工作主要路径

在健全非物质文化遗产保护传承体系的基础性工作任务中,《意见》确立了三项制度和三个体系：三项制度包括完善代表性项目制度、代表性传承人制度、区域性整体保护制度，三个体系包括调查记录体系、传承体验设施体系、理论研究体系。这些制度和体系构成未来一个时期非物质文化遗产工作的基本范畴，既是对《中华人民共和国非物质文化遗产法》相关制度的延续，又归纳、总结和提炼了近年来非物质文化遗产保护新的实践、探索和成果，整体工作思路有了新的发展。特别是将传承体验设施、理论研究和区域性整体保护提高到与调查记录、代表性项目、代表性传承人同等地位，不仅扩展了领域，对非物质文化遗产保护基础性工作认识也更加全面到位。

在提升非物质文化遗产保护传承水平方面，《意见》将加强分类保护、融入国家重大战略、促进合理利用和加强革命老区、民族地区、边疆地区、脱贫地区非物质文化遗产保护传承作为主要内容，一方面是基于对非物质文化遗产自身的本质特点和演变规律的充分认识，另一方面也紧密结合跟进当前国家社会经济发展的重点、难点和突出问题、现实需求，作出有针对性的应对和落实。

在加大非物质文化遗产传播普及力度方面，《意见》提出促进广泛传播、融入国民教育体系、加强对外和对港澳台等主要措施。针对国内传播普及，强调要将非物质文化遗产内容贯穿国民教育始终；在推动文明互鉴交流领域，提出提升我国在国际非物质文化遗产领域的话语权，向国际社会宣介非物质文化遗产和中华优秀传统文化。

创新非物质文化遗产保护传承发展理念

《意见》为全面贯彻新发展理念，构建新发展格局，推动高质量发展，提出不少非物质文化遗产保护理念和实践创新点。

一是强调要坚持马克思主义祖国观、民族观、文化观、历史观，铸牢中华民族共同体意识。鉴于非物质文化遗产作为中华优秀传统文化重要组成部分，通过加强保护传承，弘扬其当代价值，有助于增强国民特别是青年一代对中华文化的自豪感和归属感，坚定文化自信。

二是践行以人民为中心的发展思想，更好地满足人民群众对美好生活的新期待，强调坚持以人民为中心，着力解决人民普遍关心的突出问题，充分发挥非物质文化遗产在推动经济社会发展中的独特作用。

三是面对传承个人和群体认定矛盾及后续人才问题，提出对集体传承、大众实践的项目，探索认定代表性传承团体（群体）；加强传承梯队建设，促进传统传承方式和现代教育体系相结合，拓宽人才培养渠道。

四是关注当前非物质文化遗产与旅游融合发展上升态势，通过以文塑旅、以旅彰文，推动非物质文化遗产与旅游融合发展、高质量发展。深入挖掘乡村旅游消费潜力，支持利用非物质文化遗产资源发展乡村旅游等业态，推出一批具有鲜明非物质文化遗产特色的主题旅游线路、研学旅游产品和演艺作品，建设非物质文化遗产特色景区。

五是在非物质文化遗产传承体验设施和科研平台建设中，明确非物质文化遗产馆、传承体验中心（所、点）等传承体验设施的统一称呼，有利于改变目前各地非物质文化遗产场馆设施名称庞杂不一的现象。另外，提出建设一批国家级非物质文化遗产研究基地，加强非物质文化遗产重点实验室建设，有利于促进非物质文化遗产科研水平的不断提高。

六是针对当前非物质文化遗产知识产权方面界定难点问题，提出加强非物质文化遗产知识产权保护，综合运用著作权、商标权、专利权、地理标志等多种手段，建立非物质文化遗产获取和惠益分享保护制度。这些制度的实施，为解决非物质文化遗产知识产权相关问题提供了新的思路和解决方案。

《中国文化报》2021年8月17日第3版

> 拓展阅读

传统文化复兴推动非遗"被"需求

邹丽姣

2022年11月29日,"中国传统制茶技艺及其相关习俗"列入联合国教科文组织人类非物质文化遗产代表作名录,截至目前,我国共有43个项目列入该名录(名册),位居世界第一,这一话题再次引发对"非物质文化遗产"的热议。我国2004年加入《保护非物质文化遗产公约》成为缔约国之一,2011年第十一届全国人大常委会第十九次会议通过《中华人民共和国非物质文化遗产法》,让我国非遗真正实现有法可依。多年来,各级文化和旅游部门针对非遗保护制定的一系列政策、研究、宣传等举措,让"非物质文化遗产"这一名词为百姓所认知。

党的十八大以来,以习近平同志为核心的党中央极为重视中华优秀传统文化的传承和弘扬。作为传统文化重要组成部分的非遗,如何在这一利好局势下再度"被"需求,成为值得我们思考的问题。

众所周知,非遗保护与物质遗产保护最为不同的是主体

> **拓展阅读**

不同，即是关于传承人还是关于物的保护。在马斯洛需求层次理论中，人的需求逐次递升，被分为生理需求、安全需求、归属需求、尊重需求和自我实现需求。非遗作为世代相传的传统文化表现形式，出现的初衷为满足生存需求，对应的正是马斯洛需求层次理论中最基础的需求——生理需求。因为当时手艺人只有通过双手创造出具有交换价值的技能或物质形式，才能满足基本需要。如今，伴随我们生活品质的提升，我们的幸福指数也呈上升的趋势，非遗当下再次"被"需求，与最初的"被"需求便存在很大的不同。它带给大众的不再只是满足生理、安全层面上的需要，更多的是情感、尊重甚至自我实现层面上的需要。

非遗传承至今主要依靠口传身授。在传统技艺领域，手工技艺产物与机器产物相比而言，最不同的价值在于它带有手艺人的"温度"，虽然器物可能不是十全十美，却能展现出手艺人在创作时的心境以及手艺人对作品的态度。习近平总书记在浙江考察时途经炒制龙井的摊位，对西湖龙井茶采摘制作技艺代表性传承人樊生华说道，两个巴掌做出来的东西，有些科技还是无法取代的，并鼓励他们把传统手工艺等非遗传承好。2021年国务院公布的第五批国家级非物质文化遗产代表性项目名录中，新增不少来自天南地北的饮食类制

> **拓展阅读**

作技艺,如沙县小吃制作技艺、火宫殿臭豆腐制作技艺、柳州螺蛳粉制作技艺等。这一领域技艺的增录,可以让百姓更为直接地通过味道感受手艺带来的情感。通过手工技艺做出的东西,会因为有温度、有情感而产生味道上的不同。

在当下传统文化复兴的大好局面中,受益最为直接的传承人,关于非遗"被"需求的感知最为强烈。因为国家级、省级、市级、县级代表性传承人的认定,无疑是对他们传承保护非遗最具代表性的认可,而且各种政策倾向、资金扶持举措并行,坚定了他们守正创新的信念。非遗保护工作者也一直关注在非遗重新"被"需求的过程中,传承人关于项目传承的现状及趋势。查阅当下关于非遗保护相关的法规、制度、政策,除《中华人民共和国非物质文化遗产法》外,主要有《关于加强我国非物质文化遗产保护工作的意见》《关于加强文化遗产保护的通知》《关于进一步加强非物质文化遗产保护工作的意见》《关于实施中华优秀传统文化传承发展工程的意见》《国家级非物质文化遗产保护与管理暂行办法》《国家非物质文化遗产保护专项资金管理办法》以及各省区市出台的相关条例等,保护机构应该充分运用各级文化和旅游部门关于非遗保护的相关政策,尤其在实践调研过程中让传承人更加充分了解相关政策,让传承人可以全面理解

> **拓展阅读**

并合理利用政策扶持，使手中的非遗项目得到更好的传承和保护。最终能够达到中老（年传承人）有所授、青少（年传承人）有新途，让非遗得以代代赓续。在文化产业的市场上，越来越多的企业通过政策了解非遗，着手运用非遗元素进行创意产出，在这一文化创意产出的过程中如何实现传承人的价值，以及他们的作品通过怎样的形式呈现，亦成为非遗"被"需求的推动点。近几年，高校加入非遗研培中，促进传承人的手工技艺价值被更多学生认可，让非遗融入社会、融入生活，通过非遗创造美好，在中青年一代间实现非遗"被"需求。可以说，这样的非遗"被"需求，不仅是文化自信的体现，让传承人更加坚定守正创新的理念，亦是文化自觉的养成，让社会民众更加自觉地参与到非遗保护中，成为非遗的守护者。